안녕,
트랜스포저

안녕,
트랜스포머

BERT에서 시작하는
자연어 처리 레시피

이진기 지음

i!i
에이콘

에이콘출판의 기틀을 마련하신 故 정완재 선생님 (1935-2004)

지은이 소개

이진기 jinkilee73@gmail.com

안랩의 보안 관제 엔지니어로 IT 업계에 발을 들였다. 그러던 중 2015년에 데이터 분석을 공부하기 위해 영국의 워릭대학교The University of Warwick으로 석사 유학을 떠났다. 석사 취득 후 안랩에서 보안 관제를 위한 머신러닝/AI 서비스를 연구하고 개발했다. 현재는 포스코ICT의 AI기술그룹에서 컴퓨터 비전 프로젝트를 연구하고 있다.

지은이의 말

2015년 전까지도 AI라는 용어는 IT 전문직에 종사하는 소수만이 알고 있는 전문 용어였습니다. 사람들은 이세돌 9단을 이긴 알파고의 바둑 실력에 놀라움을 감추지 못했고 실제 기자가 쓴 기사와 비슷한 수준의 가짜 기사문을 보고 기계가 정말 사람과 같이 말하고 생각할 수 있다는 것을 알게 됐습니다. 그로부터 7년이 지난 지금 AI는 누구나 상식으로 알고 있는 용어가 됐고, AI는 더욱 발전해서 특정 영역에서는 이미 사람을 뛰어넘는 성능을 보이고 있습니다. 2015년부터 2022년 현재까지 수많은 글로벌 대기업과 해외 유명대학에서 AI에 대해 수많은 연구가 이뤄졌습니다. 그 연구의 성과는 여러 가지가 있겠지만, 제가 가장 높이 평가하는 것은 AI 기술에 대한 접근성이 대중에게 조금 더 가까워졌다는 것입니다. 모델을 개발할 때 사용하는 플랫폼도 사용하기 쉽게 바뀌었고, 모델을 학습할 때 사용하는 데이터 역시 여러 기관에서 오픈 데이터 형태로 다운로드할 수 있게 됐습니다. 또한 AI 기술에 대한 블로그나 영상도 많아서 혼자 AI 공부를 시작하는 것도 훨씬 수월해졌습니다.

이 책을 통해서 AI가 예전처럼 그렇게 진입장벽이 높은 학문이 아니라는 것을 알려주고 싶습니다. 수많은 대기업과 연구 기관에서 핵심 알고리듬을 오픈 소스로 공개했고, 그 알고리듬으로 학습한 모델을 다운로드해서 사용할 수 있도록 공개했습니다. AI 기술, 특히 자연어 처리를 위한 AI를 공부하고자 하는 사람들에게 이 책이 디딤돌 역할을 할 수 있었으면 좋겠습니다.

마지막으로 이 책의 깃허브 리포지터리를 통해서 독자들과 많은 소통을 하고 싶습니다. 이 책은 아직 부족한 점이 많습니다. 여러분의 피드백과 질문 등을 통해서 모두 함께 발전해나갔으면 합니다.

차례

13

들어가며

이 책에서 다루는 내용

이 책은 2018년 BERT가 발표된 이후의 자연어 처리에 대한 내용을 담고 있다. 2018년은 자연어 처리의 역사에 있어서 중요한 발전이 있었던 해이다. 2018년에는 「Attention is all you need」라는 논문이 발표되면서 기존의 RNN 계열의 인공지능 모델에서 트랜스포머 기반의 인공지능 모델로 변해가기 시작했다. 트랜스포머의 출연으로 언어 모델의 성능은 급격하게 발전하게 됐고, 파인튜닝Fine-Tuning을 통해 적은 데이터로 고성능의 모델을 쉽고 빠르게 만들 수 있게 됐다. 이 책에서는 확률 기반의 언어 모델인 N-gram 언어 모델부터 최근에 발표된 GPT3까지의 발전 과정을 설명했다.

1장에서는 언어 모델에 관한 내용을 다뤘다. 언어 모델이 무엇인지 확률적으로 정의한 후, N-gram 기법을 이용해서 언어 모델을 설명하고 그 과정을 코드를 통해 구현했다. 또한 N-gram 이후에 오랫동안 사용됐던 인공지능 모델인 RNN 계열의 인공지능 모델도 설명했다. RNN 계열의 언어 모델도 간단하게 학습해볼 수 있도록 샘플 코드를 구현했다.

2장에서는 어텐션에 대해서 자세하게 다뤘다. 어텐션은 트랜스포머의 핵심을 이루는 연산이다. 어텐션 연산을 RNN 계열에 추가했을 때 어떠한 장점이 있는지 설명하고 관련된 샘플 코드도 공부해볼 수 있도록 구현했다.

3장부터 본격적으로 트랜스포머의 구조를 다뤘다. 2장에서 다룬 어텐션을 기반으로 트랜스포머를 어떻게 구현했는지 구조적으로 설명했다.

4장에서는 BERT 모델에 대해서 설명했다. BERT를 사전 학습하는 방법에 대해서 소개하며, 사전 학습된 모델을 파인튜닝하는 방법에 대해서도 소개했다. 또한 BERT 이후에 발표된 개선된 모델도 몇 가지 소개했다.

5장에서는 GPT 계열의 모델을 설명했다. GPT2에서부터는 메타러닝의 개념이 추가

된다. 자연어 처리에서 메타러닝이 왜 필요하고 어떤 방법으로 학습되는지 소개했다. 다만 GPT2/GPT3의 정확한 학습 방법은 공개되지 않았기 때문에 학습 과정은 코드로 구현하지 못했다.

마지막으로 부록에서는 딥러닝 모델의 양자화에 대해서 살펴본다. 딥러닝 모델의 성능이 비약적으로 발전했지만 그와 동시에 모델의 연산량과 파라미터 수도 굉장히 많아졌다. 큰 모델을 간단하게 경량화할 수 있는 방법으로 양자화가 있다. 부록에서는 양자화의 기본 원리에 대해서 다루고 4장에서 살펴본 BERT를 파인튜닝해서 학습한 분류 모델을 경량화하는 내용을 설명했다.

대상 독자

어느 정도 파이썬 코드를 읽고 구현할 수 있으며 머신러닝에 대한 기초 역량이 있는 독자를 대상으로 저술했다. 파이썬을 접해본 적 없거나 머신러닝에 입문하는 독자가 공부하기에 어려울 수 있다. 이 책을 살펴보기 전에 파이썬과 머신러닝의 기초를 쌓는 것이 좋다.

이 책의 활용법

주피터 노트북이나 파이썬 실행 파일을 통해서 직접 코드를 실행시켜보면서 공부하길 권한다. 이 책은 많은 소스 코드를 리포지터리 형태(https://github.com/jinkilee/hello-transformer)로 제공한다. 지금까지 머신러닝 공부를 하고 현업에서 일을 하면서 가장 구체적으로 도움이 됐었던 것은 수식과 그 수식을 구현한 코드였다.

리눅스 환경에서 소스 코드 실행하기

리눅스 환경에서 소스 코드를 실행할 경우 블록 1과 같이 진행하면 된다.

블록 1: 리눅스 환경에서 가상환경 준비하기

```
# git과 가상환경 실행하기
$ sudo apt-get install git virtualenv
Reading package lists... Done
```

Building dependency tree

Reading state information... Done

git is already the newest version (1:2.25.1-1ubuntu3.2).

The following packages were automatically installed and are no longer required:

  fonts-cantarell gdbserver libbabeltrace1 libdw1 libnuma1

Use 'sudo apt autoremove' to remove them.

The following additional packages will be installed:

  python-pip-whl python3-appdirs python3-distlib python3-filelock python3-virtualenv

The following NEW packages will be installed:

  python-pip-whl python3-appdirs python3-distlib python3-filelock python3-virtualenv

virtualenv

0 upgraded, 6 newly installed, 0 to remove and 0 not upgraded.

Need to get 2005 kB of archives.

After this operation, 3367 kB of additional disk space will be used.

Do you want to continue? [Y/n] Y

Get:1 http://us-central1.gce.archive.ubuntu.com/ubuntu   focal-updates/universe
amd64 python-pip-whl all 20.0.2-5ubuntu1.6 [1805 kB]

.....

Unpacking virtualenv (20.0.17-1ubuntu0.4) ...

Setting up python3-filelock (3.0.12-2) ...

Setting up python3-distlib (0.3.0-1) ...

Setting up python-pip-whl (20.0.2-5ubuntu1.6) ...

Setting up python3-appdirs (1.4.3-2.1) ...

Setting up python3-virtualenv (20.0.17-1ubuntu0.4) ...

Setting up virtualenv (20.0.17-1ubuntu0.4) ...

Processing triggers for man-db (2.9.1-1) ...

# 소스 코드 클론 받은 후 프로젝트 폴더로 이동하기
$ git clone https://github.com/jinkilee/hello-transformer

Cloning into 'hello-transformer'...

remote: Enumerating objects: 1596, done.

remote: Counting objects: 100% (1596/1596), done.

remote: Compressing objects: 100% (883/883), done.

```
remote: Total 1596 (delta 975), reused 1310 (delta 689), pack-reused 0
Receiving objects: 100% (1596/1596), 24.58 MiB | 36.97 MiB/s, done.
Resolving deltas: 100% (975/975), done.
$ cd hello-transformer
```

```
# 파이썬 버전 3.6 이상으로 가상환경 생성
$ virtualenv -p /usr/bin/python3.6 venv
created virtual environment CPython3.8.10.final.0-64 in 312ms
  creator CPython3Posix(dest=/home/jinkilee73/hello-transformer/venv, clear=False,
global=False)
  seeder FromAppData(download=False, pip=latest, setuptools=latest, wheel=latest,
pkg_resources=latest,    via=copy,    app_data_dir=/home/jinkilee73/.local/share/
virtualenv/seed-app-data/v1.0.1.debian.1)
  activators BashActivator,CShellActivator,FishActivator,PowerShellActivator,Pytho
nActivator,XonshActivator
```

```
# 가상환경 실행
$ source venv/bin/activate
```

```
# 가상환경이 정상적으로 실행되면 다음과 같이 쉘에(venv)라고 적혀있음.
(venv) $
# 가상환경에서 requirements.txt 설치하기
(venv) $ pip install -r requirements.txt
Collecting transformers==4.1.0
  Downloading transformers-4.1.0-py3-none-any.whl (1.5 MB)
     |████████████████████████████████| 1.5 MB
5.2 MB/s
Collecting jupyter
  Downloading jupyter-1.0.0-py2.py3-none-any.whl (2.7 kB)
Collecting sklearn
  Downloading sklearn-0.0.tar.gz (1.1 kB)
  ...
Successfully built sklearn
```

```
Installing  collected  packages:  urllib3,  charset-normalizer,  certifi,  idna,
requests,  pyparsing,  packaging,  joblib,  regex,  click,  six,  tqdm,  sacremoses,
tokenizers,  filelock,  numpy,  transformers,  pyzmq,  entrypoints,  tornado,  traitlets,
jupyter-core,  python-dateutil,  nest-asyncio,  jupyter-client,  matplotlib-inline,
parso,  jedi,  pygments,  pure-eval,  asttokens,  executing,  stack-data,  pickleshare,
ptyprocess,  pexpect,  decorator,  wcwidth,  prompt-toolkit,  backcall,  ipython,  debugpy,
ipykernel,  ipython-genutils,  qtpy,  qtconsole,  jupyter-console,  prometheus-client,
MarkupSafe,  jinja2,  pycparser,  cffi,  argon2-cffi-bindings,  argon2-cffi,  attrs,
pyrsistent,  zipp,  importlib-resources,  jsonschema,  nbformat,  terminado,  testpath,
nbclient,  webencodings,  bleach,  mistune,  pandocfilters,  defusedxml,  jupyterlab-
pygments,  nbconvert,  Send2Trash,  notebook,  jupyterlab-widgets,  widgetsnbextension,
ipywidgets,  jupyter,  scipy,  threadpoolctl,  scikit-learn,  sklearn,  pillow,  cycler,
fonttools,  kiwisolver,  matplotlib,  typing-extensions,  torch,  nltk
Successfully  installed  MarkupSafe-2.1.0  Send2Trash-1.8.0  argon2-cffi-21.3.0
argon2-cffi-bindings-21.2.0     asttokens-2.0.5     attrs-21.4.0     backcall-0.2.0
bleach-4.1.0  certifi-2021.10.8  cffi-1.15.0  charset-normalizer-2.0.12  click-8.0.4
cycler-0.11.0  debugpy-1.5.1  decorator-5.1.1  defusedxml-0.7.1  entrypoints-0.4
executing-0.8.2  filelock-3.6.0  fonttools-4.29.1  idna-3.3  importlib-resources-5.4.0
ipykernel-6.9.1  ipython-8.1.0  ipython-genutils-0.2.0  ipywidgets-7.6.5  jedi-0.18.1
jinja2-3.0.3  joblib-1.1.0  jsonschema-4.4.0  jupyter-1.0.0  jupyter-client-7.1.2
jupyter-console-6.4.0  jupyter-core-4.9.2  jupyterlab-pygments-0.1.2  jupyterlab-
widgets-1.0.2     kiwisolver-1.3.2     matplotlib-3.5.1     matplotlib-inline-0.1.3
mistune-0.8.4  nbclient-0.5.11  nbconvert-6.4.2  nbformat-5.1.3  nest-asyncio-1.5.4
nltk-3.7  notebook-6.4.8  numpy-1.22.2  packaging-21.3  pandocfilters-1.5.0  parso-0.8.3
pexpect-4.8.0  pickleshare-0.7.5  pillow-9.0.1  prometheus-client-0.13.1  prompt-
toolkit-3.0.28  ptyprocess-0.7.0  pure-eval-0.2.2  pycparser-2.21  pygments-2.11.2
pyparsing-3.0.7     pyrsistent-0.18.1     python-dateutil-2.8.2     pyzmq-22.3.0
qtconsole-5.2.2 qtpy-2.0.1 regex-2022.1.18 requests-2.27.1 sacremoses-0.0.47 scikit-
learn-1.0.2  scipy-1.8.0  six-1.16.0  sklearn-0.0  stack-data-0.2.0  terminado-0.13.1
testpath-0.6.0  threadpoolctl-3.1.0  tokenizers-0.9.4  torch-1.10.2  tornado-6.1  tqdm-
4.62.3  traitlets-5.1.1  transformers-4.1.0  typing-extensions-4.1.1  urllib3-1.26.8
wcwidth-0.2.5  webencodings-0.5.1  widgetsnbextension-3.5.2  zipp-3.7.0
```

블록 1의 내용을 모두 실행하면 이 책의 소스 코드를 실행할 수 있는 환경이 준비된
것이다. 파이썬 파일을 실행할 경우에는 블록 2와 같이 파이썬 명령어를 통해서 실행

하면 된다.

주피터를 실행시킬 경우에는 블록 3과 같이 실행하면 된다.

블록 3과 같이 실행할 경우 주피터 노트북을 실행시킬 수 있다.

그림 1 주피터 노트북 브라우저

주피터 노트북을 실행시키면 그림 1과 같이 브라우저를 통해서 접근할 수 있다.

Windows 환경에서 소스 코드 실행하기

Windows에서 소스 코드를 실행할 경우 파이참^{Pycharm}을 이용해서 실행하면 편리하다. 파이참은 무료로 제공되는 Community 버전을 사용해도 된다.

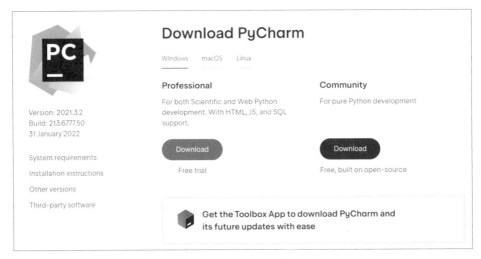

그림 2 파이참 실행하기 1

파이참의 상단을 보면 **Git ▶ Clone**을 클릭해서 이 책의 소스 코드 리포지터리를 클론 받을 수 있다.

그림 3 파이참 실행하기 2

이 후 그림 4와 같이 자동으로 가상환경을 설치하는 창이 열린다. 창이 열리면 **OK** 버튼을 눌러서 가상 환경을 설치하자.

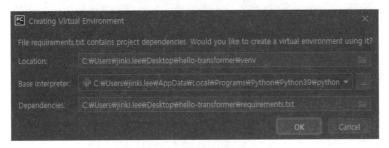

그림 4 가상환경 설치하기

파이참 환경에서 requirements.txt를 설치하려면 파이참 하단에 Terminal에 접근해서 직접 pip 명령어(pip install −r requirements.txt)를 실행시켜주면 된다.

그림 5 requirements.txt 설치하기

requirements.txt가 모두 설치된 후에 파이썬 파일을 실행시키려면 좌측 프로젝트 구조에서 실행시키고자 하는 파이썬 파일을 클릭한 후 파이썬 인터프리터를 설정해서 실행시켜주면 된다. 파이썬 인터프리터는 파이참의 우측 상단에 **Add Configuration**을 클릭해서 실행 환경설정 창을 열고 **Add new**를 클릭해서 그림 4에서 설치한 가상환경을 선택해주면 된다. 이때 실행시킬 스크립트도 **Script path**에 추가한다. 그림 6을 참고하라.

그림 6 스크립트 추가하기

마지막으로 주피터 노트북을 실행시키려면 그림 5에서와 마찬가지로 Terminal 창에서 명령어(jupyter notebook)를 실행시켜주면 된다.

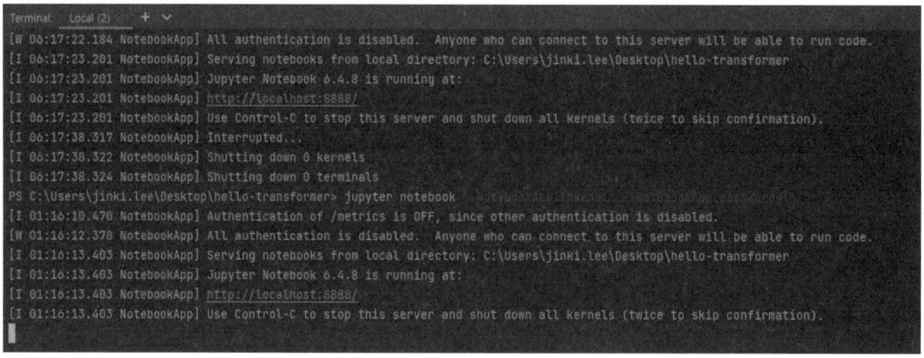

그림 7 주피터 노트북 실행하기

jupyter notebook을 실행시켰을 때 토큰 값이 나오지 않아서 브라우저에서 로그인을 할 수 없다면 블록 4와 같이 **password** 부분을 없애고 로그인하면 로그인 없이 접근할 수 있다. 이렇게 사용할 경우 보안에 유의해서 사용하도록 하자.

블록 4
```
jupyter notebook --NotebookApp.token='' --NotebookApp.password=''
```

질의 응답

이 책에 내용에 대해서 질문이 있을 경우 리포지터리의 **Issue**를 통해서 등록하면 된다.

• 이슈 페이지 주소: https://github.com/jinkilee/hello-transformer/issues

위 링크로 접근한 후에 우측에 초록색 **New Issue** 버튼을 눌러서 이슈를 등록하면 된다. 그림 8과 같이 접근하면 된다.

그림 8 이슈 등록하기

정오표

정오표는 에이콘출판사의 도서정보 페이지 http://www.acornpub.co.kr/book/hello-transformer에서 찾아볼 수 있다.

1장

다음 단어는요? 언어 모델

어느 한가로운 일요일에 윤우 아빠와 윤우는 속담을 누가 누가 더 많이 맞추는지 놀이를 했다.

엄마: 가는 날이 OOOO.
윤우 아빠: 장날이다
윤우: 대박이다

엄마: 등잔 밑이 OOO.
윤우 아빠: 어둡다
윤우: 뜨겁다

엄마: 백지장도 맞들면 OO.
윤우 아빠: 낫다
윤우: 백지장이 뭐야?

그렇게 속담놀이는 윤우 아빠의 완승으로 끝났다고 한다.

위의 이야기에서 속담놀이가 윤우 아빠의 완승으로 끝난 이유는 윤우 아빠가 윤우보다 훨씬 더 많은 속담을 반복적으로 들었기 때문이다. 윤우 아빠가 살아오면서 "등잔 밑이"라는 말 다음에 들었던 것은 대부분 "어둡다"였다. 반면에 아직 몇 년 살지 않은 윤우는 "등잔 밑이" 다음에 무슨 말이 오는지 들어본 적이 없다. 그래서 상상의 나래를 펼쳐서 "뜨겁다"라는 대답을 한 것이다. "백지장도 맞들면"의 경우도 마찬가지이다. 윤우 아빠가 살면서 "백지장도 맞들면" 다음 단어로 가장 많이 들은 것은 "낫다"이다. 그런데 윤우는 백지장이라는 단어조차 처음 들어본다. 그래서 백지장이 뭐냐고 되려 질문을 한 것이다.

1.1. 언어 모델은 확률 게임?

먼저 언어 모델이 무엇인지 알아보자. 언어 모델은 단어들의 확률 분포이다. 우리가 언어를 말하고 쓰고 들을 때 사용되는 단어의 나열을 생각해 보자. "I am a boy"라는 문장을 보면 I 다음에 나오는 단어로 am이 나올 확률이 is가 나올 확률보다 훨씬 높다. 언어라는 것을 어떤 현상이라고 생각했을 때 I라는 현상 다음에 am이라는 현상이 나올 확률이 is가 나올 확률보다 높고, 이것을 모델링한 것이 언어 모델이다. 그래서 전통적으로 언어 모델은 언어를 확률로 표시했다. 확률로 표시하는 방법에는 여러 가지가 있는데 전통적인 방법으로는 Unigram, Bigram, N-gram 등이 있다. Unigram의 경우 블록 1.1과 같이 나열된 단어의 확률을 단순하게 곱한 것으로 나타낸다.

블록 1.1: Unigram을 이용한 문장 확률[1]

내 이름은 홍길동이다.

P(내) = 0.2

P(이름은) = 0.4

---

1   P(w)는 w라는 단어가 나올 확률을 뜻한다.

P(홍길동이다) = 0.1
P(내, 이름은, 홍길동이다)
= P(내) x P(이름은) x P(홍길동이다)
= 0.2 x 0.4 x 0.1

이를 수식으로 표현하면 수식 1.1과 같다.

$$P(w_1 w_2 ... w_n) = \prod_i P(w_i)$$

수식 1.1 Unigram

수식 1.1에서는 단어의 순서가 고려되지 않았다. "내 이름은 홍길동이다"와 "이름은 내 홍길동이다"가 같은 확률을 갖게 된다. Unigram 모델을 이용하면 "내 이름은 홍길동이다"와 "이름은 내 홍길동이다"가 같은 확률로 나타나는 문장이라는 것이다. 이는 단어들의 순서를 고려하지 않았기 때문이다. 그래서 Unigram 방식의 언어 모델은 거의 사용되지 않는다. 이 방식을 개선한 방법이 블록 1.2의 Bigram 기반의 언어 모델이다. Bigram 언어 모델은 조건부 확률을 이용해서 언어의 분포 확률을 표현한 모델이다. 조건부 확률이란 하나의 현상이 일어났다는 가정하에 그 다음 현상이 일어날 확률이다. 블록 1.2를 보면 "내"가 나왔다는 전제하에 그 다음에 "이름은"이라는 단어가 나올 확률을 P(이름은|내)로 표시하는데 이것이 조건부 확률이다.

블록 1.2: Bigram을 이용한 문장 확률
내 이름은 홍길동이다.
P(내) = 0.2
P(이름은|내) = 0.1
P(홍길동이다|이름은) = 0.01
P(내, 이름은, 홍길동이다)
= P(내) x P(이름은|내) x P(홍길동이다|이름은)
= 0.2 x 0.1 x 0.01

"내 이름은 홍길동이다"라는 문장을 Bigram으로 표현하면 수식 1.2와 같다.

$$P(w_i|w_1 w_2 ... w_{i-1}) = \prod_i P(w_i|w_{i-1})$$

수식 1.2 Bigram

수식 1.2는 단어의 확률은 이전 단어에 의해 결정된다는 가정을 하고 있다. Bigram의 경우 P(내, 이름은, 홍길동이다) = P(내) × P(이름은|내) × P(홍길동이다|이름은)이라는 가정하에 만들어진 언어 모델인 것이다. 이렇게 단어의 순서를 고려한 언어 모델의 경우 "내 이름은 홍길동이다"와 "이름은 내 홍길동이다"가 서로 다른 확률을 나타낼 것이다. 정상적인 말뭉치로 학습했다면 당연히 "내 이름은 홍길동이다"의 확률이 훨씬 높게 나올 것이다. 수식 1.2에서는 단어의 확률을 두 단어의 순서에 의해 결정된다고 표현했는데 단어 N개의 순서에 의해 결정된다고 하면 N-gram 방식의 언어 모델이 된다. N-gram의 수식은 수식 1.3과 같다.

$$P(w_i|w_1 w_2 ... w_{i-1}) = \prod_i P(w_i|w_{i-1} w_{i-2} ... w_{i-n+1})$$

수식 1.3 N-gram

Tip

수식이 나왔다고 좌절할 필요는 없다. 수식은 머릿속으로 이해할 수 있는 것을 기호로 표현한 것일 뿐이다. 수식에 거부감이 있다면 "내 이름은 홍길동이다"라는 예시를 통해 원리를 충분히 이해한 후 그것을 기호 표현으로 일반화하려면 어떻게 표현하면 되는지를 생각해 보자. 그 다음에 수식을 보면 조금 이해가 수월해질 것이다.

자연어 처리에서 언어 모델이 왜 필요할까? 최대한 현실적으로 언어를 만들어 내기 위함이다. '사람들이 보통 "나"라는 단어 다음에 "는"이라는 단어를 많이 쓰더라. "는"이라는 단어 다음에 "입니다"라는 단어가 나올 확률이 극히 드물더라.' 이런 것을 확률적으로 컴퓨터에게 학습시켜야 컴퓨터는 최대한 인간과 유사한 언어를 구사할 수 있게 된다.

역사적으로 보면 언어 모델에 대한 연구는 대부분 확률 기반이었다. 그러다가 2015년 이후에 딥러닝 기반의 언어 모델 연구가 활발해졌다. 확률 기반의 언어 모델의 경우 언어 모델의 결과가 보통 확률에서 끝난다. "내 이름은 홍길동이다"라는 문장의 확률 또는 그 다음에 나올 단어의 확률로 끝나게 된다. 반면에 딥러닝 기반의 언어 모델은 하나의 문장을 벡터로 표현하는 결과를 보인다. 이 책에서는 딥러닝 기반의 언어 모델에 집중을 하고자 한다. 2장부터는 딥러닝 기반의 언어 모델에 대해 자세히 다루겠다.

다음 절에서는 N-gram 언어 모델을 구현해 보자.

1.2. N-gram 언어 모델 만들기

이번 절에서는 N-gram 언어 모델을 만들어 보려고 한다. 언어 모델을 만든다는 것을 그렇게 어렵게 생각하지 말자. N-gram 언어 모델은 결국 확률 기반의 언어 모델이기 때문에 기본적으로 특정 단어의 개수를 전체 단어의 개수로 나누는 기본 공식으로 구현하면 된다.

1.2.1. 텍스트 전처리 함수

가장 먼저 구현해야 하는 것은 텍스트 전처리 함수이다. 이 절에서 사용하는 텍스트 전처리 함수는 블록 1.3과 같은 기본적인 작업을 수행하기로 하자. 블록 1.3의 과정은 설명을 위한 예시일 뿐이다. 실제 업무에 활용하려면 더욱더 발전된 전처리 과정이 필요하다.

블록 1.3: 문장 전처리 과정

STEP1: 소문자 치환하기

STEP2: BOS, EOS 추가하기

STEP3: 토큰화하기

STEP4: 한 번 출현한 단어 UNK로 치환하기

우선 소문자 치환하기이다. 이 단계에서 각종 문장에 대한 전처리를 하면 된다. 예를 들어 특수문자를 제거하는 등의 캐릭터 단위로 수행되는 함수들은 이 단계에서 수행한다. 이 절에서는 코드 1.1과 같이 간단하게 소문자 치환하는 것만 대표적으로 구현하려고 한다. 이 책의 리포지토리에 있는 chapter1/ngram_lm/ngram_language_model.ipynb를 참고하라.

코드 1.1 소문자 치환하기

```
# chapter1/ngram_lm/ngram_language_model.ipynb 참고
# STEP1: 소문자 치환하기
>>> sentences = ['She sells sea-shells by the sea-shore.', "The shells she sells
are sea-shells, I'm sure.", "For if she sells sea-shells by the sea-shore then
I'm sure she sells sea-shore shells."]
>>> sentences = list(map(str.lower, sentences))
>>> sentences
['she sells sea-shells by the sea-shore.', "the shells she sells are sea-shells,
i'm sure.", "for if she sells sea-shells by the sea-shore then i'm sure she sells
sea-shore shells."]
```

그 다음으로 BOS와 EOS를 추가하는 함수를 구현해 보자. BOS는 Beginning Of Sentence의 약자이며 <s>로 나타내고, EOS는 End Of Sentence의 약자이고 </s>로 나타낸다. BOS와 EOS는 자연어 처리를 할 때 필요한 예약어이다. <s>를 문장 앞에서 문장의 시작을 알리고, </s>를 문장 끝에서 문장의 끝을 알리는 역할을 한다. 보통은 각 문장당 양쪽에 하나씩 추가하지만 여기에서는 N-gram 모델을 만들기 때문에 BOS는 N-1개 추가할 것이다. 왜 EOS는 항상 한 개 추가하면서 BOS는 N-1개를

추가할까? 시작하는 단어의 확률을 구하기 위함이다. 가령 N=3일 경우 I로 시작하는 문장에서 제일 처음에 I라는 단어에 대한 확률을 구할 때는 $P(I|\langle s \rangle \langle s \rangle)$와 같이 구해야 하기 때문이다. 코드 1.2를 참고하라.

코드 1.2 BOS/EOS 추가하기

```
# chapter1/ngram_lm/ngram_language_model.ipynb 참고
# STEP2: BOS, EOS 추가하기
>>> BOS = '<s>'
>>> EOS = '</s>'
>>> n = 2
>>> BOSs = ' '.join([BOS]*(n-1) if n > 1 else [BOS])
>>> sentences = [' '.join([BOSs, s, EOS]) for s in sentences]
>>> sentences
['<s> she sells sea-shells by the sea-shore. </s>', "<s> the shells she sells are
sea-shells, i'm sure. </s>", "<s> for if she sells sea-shells by the sea-shore
then i'm sure she sells sea-shore shells. </s>"]
```

이제 각 문장을 토큰화해서 하나의 큰 리스트로 만들자. 토큰화는 띄어쓰기(' ')를 기준으로 토큰화했다. 토큰화를 거치면 하나의 문장은 여러 개의 토큰으로 구성된 리스트가 된다. 토큰으로 이뤄진 여러 개의 리스트를 하나의 큰 리스트로 합치는 과정은 코드 1.3과 같이 reduce를 이용해서 구현했다.

코드 1.3 토큰화하기

```
# chapter1/ngram_lm/ngram_language_model.ipynb 참고
# STEP3: 토큰화하기
>>> from functools import reduce
>>> sentences = list(map(lambda s: s.split(' '), sentences))
>>> tokens = list(reduce(lambda a, b: a+b, sentences))
>>> sentences
[['<s>', 'she', 'sells', 'sea-shells', 'by', 'the', 'sea-shore.', '</s>'], ['<s>',
'the', 'shells', 'she', 'sells', 'are', 'sea-shells,', "i'm", 'sure.', '</s>'],
['<s>', 'for', 'if', 'she', 'sells', 'sea-shells', 'by', 'the', 'sea-shore',
'then', "i'm", 'sure', 'she', 'sells', 'sea-shore', 'shells.', '</s>']]
>>> tokens
['<s>', 'she', 'sells', 'sea-shells', 'by', 'the', 'sea-shore.', '</s>', '<s>',
```

```
'the', 'shells', 'she', 'sells', 'are', 'sea-shells,', "i'm", 'sure.', '</s>',
'<s>', 'for', 'if', 'she', 'sells', 'sea-shells', 'by', 'the', 'sea-shore',
'then', "i'm", 'sure', 'she', 'sells', 'sea-shore', 'shells.', '</s>']
```

마지막으로 코드 1.4에서 단어가 출현한 빈도가 한 번 이하인 경우는 <unk>로 치환하는 것을 구현했다. 빈도가 너무 낮은 단어는 무시해서 모르는 단어로 취급하는 것이다. 이는 지나친 디테일을 피하는 과정으로 필수적인 과정은 아니다. 여기에서는 예시로 빈도가 1인 경우에 <unk>로 치환하지만 말뭉치 사이즈에 따라서 이 숫자를 조금 더 키워도 된다. <unk>는 BOS나 EOS와 같은 예약어이며 출현하지 않은 단어를 나타내는 데 사용된다.

코드 1.4 한 번 출현한 단어 UNK로 치환하기

```
# chapter1/ngram_lm/ngram_language_model.ipynb 참고
# STEP4: 한 번 출현한 단어 UNK로 치환하기
>>> import nltk
>>> UNK = '<unk>'
>>> freq = nltk.FreqDist(tokens)
>>> tokens = [t if freq[t] > 1 else UNK for t in tokens]
>>> tokens
['<s>', 'she', 'sells', 'sea-shells', 'by', 'the', '<unk>', '</s>', '<s>',
'the', '<unk>', 'she', 'sells', '<unk>', '<unk>', "i'm", '<unk>', '</s>', '<s>',
'<unk>', '<unk>', 'she', 'sells', 'sea-shells', 'by', 'the', 'sea-shore',
'<unk>', "i'm", '<unk>', 'she', 'sells', 'sea-shore', '<unk>', '</s>']
```

STEP1부터 STEP4까지를 하나의 **preprocess** 함수 안에 넣으면 코드 1.5와 같다.

코드 1.5 문장 전처리 함수

```
# chapter1/ngram_lm/ngram_language_model.ipynb 참고
import nltk
from functools import reduce

def preprocess(sentences, n):
    '''문장으로 구성된 리스트를 쪼개서 토큰 리스트로 만듦
```

```
Args:
    sentences (list of str): 여러 개의 문장으로 구성된 리스트
    n (int): N-gram 모델의 N 계수
Returns:
    토큰 리스트
'''

BOS = '<s>'
EOS = '</s>'
UNK = '<unk>'

# STEP1: 소문자 치환하기
sentences = list(map(str.lower, sentences))

# STEP2: BOS, EOS 추가하기
BOSs = ' '.join([BOS]*(n-1) if n > 1 else [BOS])
sentences = [' '.join([BOSs, s, EOS]) for s in sentences]

# STEP3: 토큰화하기
sentences = list(map(lambda s: s.split(), sentences))
tokens = list(reduce(lambda a, b: a+b, sentences))

# STEP4: 한 번 출현한 단어 UNK로 치환하기
freq = nltk.FreqDist(tokens)
tokens = [t if freq[t] > 1 else UNK for t in tokens]

return tokens
```

1.2.2. 제로 카운트 해결하기

N-gram 언어 모델은 단어의 빈도 수를 이용해서 각 단어에 대한 확률을 구한다. 그러면 한 번도 나타나지 않은 단어에 대해서는 어떻게 확률을 구할까? Laplace smoothing을 이용해서 해결할 수 있다.

$$P(w_i) = \frac{Count(w_i) + 1}{\sum_i Count(w_i) + V}$$

단. V는 전체 단어의 총 개수

수식 1.4 laplace

수식 1.4와 같이 모든 단어가 최소 한 번 이상 나타났다고 가정해 분자에 무조건 1을 더해준다. 그런데 분자에만 1을 더해주면 확률의 합이 1이 되지 않으므로 분모에 전체 단어 수를 더해준다. 전체 단어 수만큼 더해주는 이유는 분자에 1을 더해도 확률의 합이 1이 되게 하기 위함이다. Laplace smoothing을 하면 어떻게 확률을 구할 수 있는지 코드 1.6의 예시를 통해 알아보자. 코드 1.4에서 구한 tokens를 활용해서 작성한다.

코드 1.6 N-gram 개수 세기

```
# chapter1/ngram_lm/ngram_language_model.ipynb 참고
>>> bigram = nltk.ngrams(tokens, n=2)
>>> vocab = nltk.FreqDist(bigram)
>>> for k, v in vocab.items():
>>>     a, b = k
>>>     print(f'{a},{b}: {v}')
<s>,she: 1
she,sells: 4
sells,sea-shells: 2
sea-shells,by: 2
by,the: 2
the,<unk>: 2
<unk>,</s>: 3
</s>,<s>: 2
<s>,the: 1
<unk>,she: 3
sells,<unk>: 1
<unk>,<unk>: 2
<unk>,i'm: 2
i'm,<unk>: 2
<s>,<unk>: 1
the,sea-shore: 1
```

sea-shore,<unk>: 2
sells,sea-shore: 1

코드 1.6의 text의 bigram, vocab을 만들고 그것을 표로 나타내면 다음과 같다.

<unk>	she	sells	<s>	the	</s>	sea-shells	by	i'm	sea-shore
10	4	4	3	3	3	2	2	2	2

표 1.1 코드 1.6의 text에 대한 unigram 카운트

	<unk>	she	sells	<s>	the	</s>	sea-shells	by	i'm	sea-shore
<unk>	2	3	0	0	0	3	0	0	2	0
she	0	0	4	0	0	0	0	0	0	0
sells	1	0	0	0	0	0	2	0	0	1
<s>	1	1	0	0	1	0	0	0	0	0
the	2	0	0	0	0	0	0	0	0	1
</s>	0	0	0	2	0	0	0	0	0	0
sea-shells	0	0	0	0	0	0	0	2	0	0
by	0	0	0	0	2	0	0	0	0	0
i'm	2	0	0	0	0	0	0	0	0	0
sea-shore	2	0	0	0	0	0	0	0	0	0

표 1.2 코드 1.6의 text에 대한 bigram 카운트

	<unk>	she	sells	<s>	the	</s>	sea-shells	by	i'm	sea-shore
<unk>	3	4	1	1	1	4	1	1	3	1
she	1	1	5	1	1	1	1	1	1	1
sells	2	1	1	1	1	1	3	1	1	2
<s>	2	2	1	1	2	1	1	1	1	1
the	3	1	1	1	1	1	1	1	1	2
</s>	1	1	1	3	1	1	1	1	1	1
sea-shells	1	1	1	1	1	1	1	3	1	1
by	1	1	1	1	3	1	1	1	1	1
i'm	3	1	1	1	1	1	1	1	1	1
sea-shore	3	1	1	1	1	1	1	1	1	1

표 1.3 표 1.2에 대한 Add-one smoothing 적용 결과

표 1.1에서 the는 총 3번 나왔다. the에 대한 bigram 카운트를 표 1.2에서 보면 by,the 가 2번, ⟨s⟩,the가 1번 나와서 총 3번 나왔다. 그 외의 단어 she, sells 등의 단어 다음 에는 the가 나온 적이 없다. 그럼에도 불구하고 표 1.3과 같이 적어도 1번은 나왔다고 카운트해 주는 것이다. 그 다음에 수식 1.4를 이용해서 각 bigram 카운트에 대한 확 률을 구할 수 있다. 가령 $P(she,sells|sells)$의 확률은 0.3571이다. 이는 (4+1)/(4+10) 인데 분자의 4는 she,sells의 빈도이고, 분모의 4는 sells의 빈도이다. 그리고 분모에 더해주는 10은 총 고유 단어의 수이다.

Laplace smoothing은 1을 더해주는 방식의 smoothing 기법이기 때문에 Add-one smoothing이라고도 부른다. 여기에서 1을 더하는 대신 어떤 수 k를 더한다고 한다면 Add-k smoothing이 된다. Add-k smoothing의 공식은 수식 1.5와 같다.

$$P(w_i) = \frac{Count(w_i) + k}{\sum_i Count(w_i) + kV}$$

단, V는 전체 단어의 총 개수

수식 1.5 Add-k smoothing

지금까지 Laplace smoothing 기법을 이용해서 제로 카운트 문제를 해결하는 방법을 알아봤다. 이 방법을 이용하면 한 번도 나타나지 않은 단어에 대해 확률을 구하지 못 하는 경우는 없어진다.

제로 카운트를 해결하는 또 다른 방법으로 Backoff와 Interpolation이 있다. 예를 들어 블록 1.4와 같이 3-gram 언어 모델을 이용해서 문장의 확률을 구했다고 가정해 보자.

블록 1.4: 3-gram을 이용한 확률 계산 시 Backoff 이용하기

아래의 확률은 실제 계산된 확률이 아닌 예시이다.

⟨s⟩ I love you because you love me. ⟨/s⟩

P(love|⟨s⟩,I) = 0.1
P(you|I,love) = 0.01
P(because|love,you) = 0.02
P(you|you,because) = 0.05
P(love|because,you) = 0.03
P(me|you,love) = 0.09
P(⟨/s⟩|love,me) = ?
P(⟨/s⟩|me) = 0.06

P(⟨s⟩ I love you because you love me. ⟨/s⟩)
= P(love|⟨s⟩,I) P(you|I,love) * P(because|love,you) * P(you|you,because) * P(love|because,you) *
P(me|you,love) * P(⟨/s⟩|love,me)
≒ P(love|⟨s⟩,I) P(you|I,love) * P(because|love,you) * P(you|you,because) * P(love|because,you)
* P(me|you,love) * P(⟨/s⟩|me)
= 0.1 x 0.01 x 0.02 x 0.05 x 0.03 x 0.09 x 0.06

love me 다음에 문장이 끝난(⟨/s⟩) 경우가 없다고 가정해 보자. 그런데 만일 2-gram 으로 언어 모델을 계산했을 때 $P(</s>|me)$의 확률이 있다면 그것을 대신해서 써도 되지 않을까? 그것도 없다면 $P(</s>)$와 같이 Unigram 모델의 형태로 대신해서 쓰는 것이 더 좋지 않을까? 이 개념이 Backoff이다. N-gram 언어 모델을 이용해서 각 단어 조합의 경우의 수 확률을 구할 때 N-gram이 없다면 (N-1)-gram에서 확률을 찾아 사용하고, (N-1)-gram에도 없다면 (N-2)-gram에서 찾아서 사용하는 방식을 사용한다. 수식 1.6은 Backoff의 수식을 나타내고 있다.

$$P(w_n|w_{n-1}w_{n-2}) = \lambda_1 P(w_n|w_{n-1}w_{n-2}) + \lambda_2 P(w_n|w_{n-1}) + \lambda_3 P(w_n)$$
$$단, \lambda_1 + \lambda_2 + \lambda_3 = 1$$

수식 1.6 Backoff

Interpolation은 N-gram, (N−1)-gram, (N−2)-gram,...을 일정 비율로 곱한 것이다. Interpolation의 수식은 수식 1.7을 참고하라.

$$P(w_i|w_{i-1}w_{i-2}) = \begin{cases} P(w_i|w_{i-1}w_{i-2}), \text{if} \, Count(w_{i-2}w_{i-1}w_i) > 0 \\ P(w_i|w_{i-1}) \quad , \text{if} \, Count(w_{i-2}w_{i-1}w_i) = 0 \\ \qquad\qquad \text{and} \, Count(w_{i-1}w_i) > 0 \\ P(w_i) \qquad\quad , otherwise \end{cases}$$

수식 1.7 Interpolation

이 밖에도 디스카운팅이나 Kneser-ney smoothing과 같이 N-gram 언어 모델의 성능을 높이는 데 도움이 되는 기법들이 있으나 이 책에서는 더 자세하게 설명하지 않으려고 한다.

1.2.3. N-gram 모델 학습하기

전처리된 토큰들을 이용해서 N-gram 모델을 만드는 SimpleNgramLanguageModel 클래스를 구현해 보자. 이 클래스는 Unigram일 때와 그렇지 않을 때로 구현 방법이 나뉘기 때문에 N=1을 기준으로 분기해서 코드를 구현했다. 그리고 단어의 빈도는 nltk에서 제공하는 nltk.ngrams와 nltk.FreqDist를 이용해서 구현했다. 사용 예시는 코드 1.7을 참고하라.

코드 1.7 bigram, vocab 만들기

```
>>> import nltk
>>> a = ['a','b','b','b','a','a','a','c']
>>> bigram = nltk.ngrams(a, n=2)
>>> bigram
<generator object ngrams at 0x7fcfa3904888>
>>> vocab = nltk.FreqDist(bigram)
>>> vocab
FreqDist({('b', 'b'): 2, ('a', 'a'): 2, ('a', 'b'): 1, ('b', 'a'): 1, ('a', 'c'):
1})
```

SimpleNgramLanguageModel 클래스의 build_model 함수를 통해서 각 토큰에 대한 확률을 구할 수 있다. build_model 함수는 코드 1.8을 참고하라.

코드 1.8 N-gram 모델 만들기

```
# chapter1/ngram_lm/language_model.ipynb 참고
def build_model(self, tokens, n):
    ngrams = nltk.ngrams(tokens, n)
    nvocab = nltk.FreqDist(ngrams)

    if n == 1:
        vocab = nltk.FreqDist(tokens)
        vocab_size = len(nvocab)
        return {v: c/vocab_size for v, c in vocab.items()}
    else:
        mgrams = nltk.ngrams(tokens, n-1)
        mvocab = nltk.FreqDist(mgrams)
        def ngram_prob(ngram, ncount):
            mgram = ngram[:-1]
            mcount = mvocab[mgram]
            return ncount / mcount
        return {v: ngram_prob(v, c) for v, c in nvocab.items()}
```

n=1일 경우는 간단한 Unigram이기 때문에 추가적인 설명은 생략하려고 한다. n=1이 아닌 경우(else문)를 보면 n-1을 이용해서도 토큰의 빈도 수를 구할 수 있다(mgrams 와 mvocab). 이는 N-gram 모델의 확률을 구할 때 필요하다. 가령 n=3일 경우의 빈도를 구하려면 분모 부분에는 n=2일 경우에 대한 빈도가 필요하다.

1.2.4. N-gram 언어 모델의 한계

N-gram 언어 모델의 경우 문맥의 부재라는 기본적인 한계를 가지고 있다. 확률을 구하고자 하는 단어 바로 앞에 나오는 N-1개의 단어 빈도를 이용했을 뿐, 문맥을 특별히 고려하지 않았다. 단순히 특정 단어들이 학습 데이터셋에서 연속적으로 몇 번 나왔는지를 기반으로 학습된 모델이다. 1.2.2절에서 설명한 제로 카운트 해결 방법인

Laplace smoothing, Backoff, Interpolation 등의 기법이 나온 이유 역시 이런 문맥의 부재를 조금이나마 덜기 위함이다. Backoff를 예로 든다면 N-gram 확률이 없을 경우 (N-1)-gram의 확률로 대체하는데 이 방법은 문맥의 부재를 해결하는 근본적인 해결책은 될 수 없다.

이런 문제를 해결하기 위한 접근 방법이 딥러닝 기반의 언어 모델이다. 가장 초창기 딥러닝 기반의 언어 모델 중 하나로 퍼셉트론^{Perceptron}을 통해 학습한 Word2Vec을 들 수 있다.

1.3. Word2Vec 기반의 언어 모델

Word2Vec은 퍼셉트론을 이용해서 학습된 딥러닝 기반의 언어 모델이다. 퍼셉트론은 인공신경망 알고리듬 중 하나로 1957년에 코넬 대학교의 프랭크 로젠블라트가 제안했다. 퍼셉트론은 뇌를 구성하는 신경세포인 뉴런의 행동을 표현한 알고리듬이다. 뉴런은 서로 연결돼 있어서 신호를 입력값으로 받아들여 역치 이상의 신호들을 다음 뉴런으로 전달하게 한다. 이 과정을 행렬 곱과 활성화 함수를 통해서 표현한 것이 퍼셉트론이다.

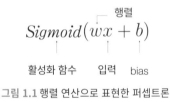

그림 1.1 행렬 연산으로 표현한 퍼셉트론

그림 1.1을 보면 퍼셉트론 연산은 행렬 곱 연산으로 표현되며 행렬 곱 연산의 결과가 활성화 함수를 통해서 0과 1 사이의 값으로 출력이 결정된다는 것을 알 수 있다. 그리고 그 출력값은 또 다른 퍼셉트론의 입력으로 사용된다.

Word2Vec은 퍼셉트론을 이용해서 학습한 언어 모델인데 이때 사용된 기법이 CBOW 또는 Skip-gram이다.

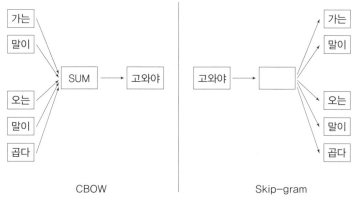

그림 1.2 CBOW, Skip-gram 학습 구조

그림 1.2에서 CBOW는 Continuous Bag Of Words의 약자이며 주변 단어를 이용해서 하나의 단어를 예측하는 방식이고, Skip-gram은 CBOW와 반대로 하나의 단어를 이용해서 주변 단어를 예측하는 방식이다.

이렇게 학습한 Word2Vec 모델은 단어 간의 관계를 벡터로 표현할 수 있다는 점에서 획기적인 성과를 보였다.

그림 1.3 Word2Vec을 이용한 단어의 관계

Word2Vec을 통해서 남자와 여자의 관계가 왕과 여왕의 관계와 유사하다는 것을 표현할 수 있다. 이전의 확률 기반의 언어 모델에서는 문맥을 표현하는 것이 불가능했다. 단순히 앞뒤 단어의 빈도를 이용해서 확률값을 표현했을 뿐이었다. 하지만 딥러닝 기반의 Word2Vec부터는 언어 모델이 단어를 이해할 수 있게 됐다.

Word2Vec 모델의 한계는 단어와 단어의 관계만 표현한다는 것이다. Word2Vec으로는 문맥을 표현할 수 없다. Word2Vec에서는 한 문장이 연속적인 단어로 이뤄져 있을 때 앞 단어로 무엇이 나왔는지에 따라 뒷 단어의 확률이 변하지 않는다. 한 단어에 대한 벡터 값이 고정돼 있기 때문이다. 이런 문제점의 해결을 위해 자연어 처리에서는 RNN 구조를 많이 사용해 왔다.

1.4. RNN 기반의 언어 모델

1.4.1. RNN의 구조

RNN^{Recurrent Neural Network}은 딥러닝을 이용해서 자연어 처리를 할 때 전통적으로 가장 오랫동안 사용됐던 구조이다. RNN은 이전 단계의 출력을 다시 사용하는 순환적인 구조를 갖고 있다. RNN의 구조를 살펴보자.

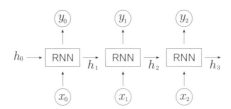

그림 1.4 RNN의 순환적 구조

RNN의 입출력을 정의해 보자. RNN은 입력값(x)과 히든 스테이트(h)를 입력으로 사용해 출력(y)을 만들어 낸다. 그림 1.4에서 보면 RNN이 x_0과 h_0을 RNN의 입력으로 넣어서 y_0을 출력했고, x_1과 h_1을 사용해서 y_1을 출력했다. 이와 같이 이전 단계의 히든 스테이트 벡터를 다음 단계의 입력과 같이 사용해서 출력을 만들어 내는 구조가 RNN이다. RNN의 내부 구조는 선형 연산과 활성화 함수 연산으로 이뤄져 있다.

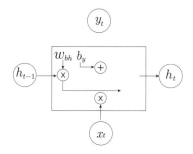

그림 1.5 RNN의 구조

그림 1.5에서 RNN의 구조를 설명하고 있다. 그림 1.5에서 히든 벡터 $h_{(t)}$와 $y_{(t)}$를 만드는 공식을 수식으로 표현하면 수식 1.8과 같다.

$$a(t) = \tanh(W_{hh}h(t-1) + W_{hx}x(t-1) + bh)$$
$$y(t) = \tanh(W_{yh}a(t-1) + by)$$

수식 1.8 h(t)와 y(t)를 계산하기 위한 RNN 내부 수식

수식 1.8을 보면 입력 벡터와 히든 스테이트 벡터를 행렬 곱 연산한 후 더해서 활성화 함수 tanh의 입력으로 넣는다. 이렇게 새로운 히든 스테이트 벡터 $a_{(t)}$를 만들어낸다. 그리고 $a_{(t)}$를 다시 행렬 곱한 후 tanh로 활성화시켜서 $y_{(t)}$를 구한다. 이 과정을 그림으로 표현하면 그림 1.5와 같다.

RNN의 핵심은 이전 단어의 정보를 히든 스테이트로 표현해서 그 히든 스테이트를 다음 단어에 대한 히든 스테이트를 구할 때 재사용하는 것에 있다. 즉 $x_{(t)}$를 처리할 때 $x_{(t-1)}$에서 만들어진 $h_{(t-1)}$이 영향을 주기 때문에 연속적인 데이터를 처리하는 데 적합하다는 것이다. 하지만 RNN은 긴 시퀀스에 대한 정보를 저장하는 것에 대한 구조적인 문제가 있다.

$$h_0 \longleftarrow x_0$$
$$h_1 \longleftarrow x_0 \; x_1$$
$$\vdots$$
$$h_t \longleftarrow x_0 \; x_1 \cdots \; x_t$$

그림 1.6 RNN의 장기 의존성 문제

그림 1.6을 보면 x_0을 표현하는 데 h_0이 사용됐다. 히든 스테이트 h_0은 고정된 사이즈의 벡터일 것이다. h_1은 x_0과 x_1을 표현하는 데 사용되고 있다. h_1 역시 h_0과 같은 크기인 고정된 사이즈의 벡터이다. 같은 원리로 x_0부터 $x_{(t)}$까지를 표현할 때 사용되는 벡터는 $h_{(t)}$이고, 이 벡터의 사이즈는 h_0의 사이즈와 같다. 더 많은 단어를 표현해야 하지만 사용하는 벡터의 사이즈가 고정돼 있다는 것이 문제이다. 결국 길이가 길어질수록 이전 단어에 대한 표현은 점점 줄어든다. 이것이 RNN이 갖고 있는 구조적인 문제점이며 이를 장기 의존성$^{\text{Long-term Dependancy}}$ 문제라고 한다.

이 문제의 해결을 위해 LSTM이나 GRU가 등장했다. LSTM이나 GRU 모두 RNN을 기본으로 한 구조이기 때문에 이전의 히든 스테이트 값을 재사용하는 구조를 갖고 있다. 하지만 이전의 히든 스테이트 값을 선택적으로 사용할 수 있도록 하는 구조가 추가돼 있다. LSTM의 경우 Forget Gate라는 구조를 추가하는데 Forget Gate를 통해서 이전의 정보를 잊을지 말지를 활성화 함수를 통해서 결정한다.

$$f(t) = sigmoid(W_{xf} \cdot x(t) + W_{hf} \cdot h(t-1) + bf)$$

수식 1.9 LSTM의 Forget Gate 내부 수식

수식 1.9는 Forget Gate에 대한 수식이다. `sigmoid` 함수는 0과 1 사이의 값을 리턴하기 때문에 수식 1.9의 연산을 통해서 이전 단계의 정보를 잊을지 말지 결정할 수 있다. GRU에서는 이런 역할을 Update Gate가 담당한다. GRU의 Update Gate는 이전과 현재의 히든 스테이트 값을 어느 정도의 비율로 반영할지를 결정한다. 다음 절에서는 GRU를 이용해서 간단하게 언어 모델을 구현해 보고자 한다.

1.4.2. GRU 언어 모델 구현하기

이번 절에서는 GRU를 이용해서 간단한 언어 모델을 구현해 보려고 한다. 잘 동작하는 언어 모델을 만드는 것은 매우 어려운 일이다. 따라서 이번 절에서의 예시에는 GRU가 입력 데이터를 얼마나 잘 생성하는지를 보여주고자 한다.

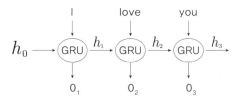

그림 1.7 시퀀스에 대한 GRU 입출력

GRU 언어 모델에 대한 입력과 출력을 정의해 보자. 그림 1.7을 보면 GRU는 [I, love, you]라는 단어를 순서대로 입력으로 취하고 있고 각 단계마다 출력(O_0, O_1, O_2)을 하고 있다. 그러면 I가 입력으로 들어갔을 때 love가 출력되고, love가 입력으로 들어갔을 때 you가 출력되도록 학습하면 된다. 여기에 BOS(⟨s⟩)와 EOS(⟨/s⟩)를 추가해서 정리하면 블록 1.5와 같이 정리할 수 있다.

블록 1.5: 토큰 시퀀스에 대한 GRU 입출력
원문: I love you
BOS, EOS 추가 후 토큰화: [⟨s⟩, I, love, you, ⟨/s⟩]
모델 입력: [⟨s⟩, I, love, you]
모델 출력: [I, love, you, ⟨/s⟩]

Tip

실무에서 언어 모델을 학습할 때 데이터를 전처리하는 부분에 대해서는 최대한 꼼꼼하게 검토하고 여러 테스트 케이스를 작성해서 검토해야 한다. 실무에서 만드는 언어 모델의 경우 데이터의 양이 굉장히 많을 수 밖에 없고 학습 시간도 오래 걸리기 때문에 데이터 전처리 부분에서 최대한 오류가 없어야 하며 코드도 깔끔하게 작성해야 한다. 예를 들어 모델 학습을 1주일째 진행하고 있는데 데이터 전처리 단계에서 어떤 문제가 발생하게 될 경우 많은 시간을 낭비하게 된다.

⟨s⟩가 입력됐을 때 I가 출력되도록, I가 입력됐을 때 love가 출력되도록, love가 입력됐을 때 you가 출력되도록, you가 입력됐을 때 ⟨/s⟩가 출력되도록 Dataset 클래스를 작성하자. 리포지터리에서 *chapter1/gru_lm/gru_language_model.ipynb*를 참

고하라.

코드 1.9 GRU 언어 모델을 위한 데이터셋 클래스 정의하기

```python
# chapter1/gru_lm/dataset.py 참고
import torch
import nltk
from functools import reduce
from torch.utils.data import Dataset

def preprocess(sentences, add_special_tokens=True):
    '''Split list of sentences into words and make a list of words

    Args:
        sentences (list of str): a list of sentences
    Returns:
        A list of tokens which were tokenized from each sentence
    '''

    BOS = '<s>'
    EOS = '</s>'
    UNK = '<unk>'

    # STEP1: 소문자 치환하기
    sentences = list(map(str.lower, sentences))

    # STEP2: BOS, EOS 추가하기
    if add_special_tokens:
        sentences = [' '.join([BOS, s, EOS]) for s in sentences]

    # STEP3: 토큰화하기
    sentences = list(map(lambda s: s.split(), sentences))
    return sentences

class GRULanguageModelDataset(Dataset):
    '''
    GRU 언어 모델을 위한 Dataset 클래스

    Args:
        text: 전체 말뭉치 데이터셋
    Returns:
```

토큰화된 text를 텐서 객체로 변환하는 Dataset 클래스

```python
    Example:
        >>> text = 'I love you'
        >>> dataset = GRULanguageModelDataset(text)
        >>> for d in dataset:
        ...     print(d)
        ...     break
        ...
        tensor([1, 4, 5, 6, 2])
    '''
    def __init__(self, text):
        sentence_list = nltk.tokenize.sent_tokenize(text)
        tokenized_sentences = preprocess(sentence_list)
        tokens = list(reduce(lambda a, b: a+b, tokenized_sentences))
        self.vocab = self.make_vocab(tokens)
        self.i2v = {v:k for k, v in self.vocab.items()}
        self.indice = list(map(lambda s: self.convert_tokens_to_indice(s),
tokenized_sentences))

    def convert_tokens_to_indice(self, sentence):
        indice = []
        for s in sentence:
            try:
                indice.append(self.vocab[s])
            except KeyError:
                indice.append(self.vocab['<unk>'])
        return torch.tensor(indice)

    def make_vocab(self, tokens):
        vocab = {}

        vocab['<pad>'] = 0
        vocab['<s>'] = 1
        vocab['</s>'] = 2
        vocab['<unk>'] = 3
        index = 4
        for t in tokens:
            try:
                vocab[t]
                continue
```

```
        except KeyError:
            vocab[t] = index
            index += 1
    return vocab

def __len__(self):
    return len(self.indice)

def __getitem__(self, idx):
    return self.indice[idx]
```

코드 1.9의 **GRULanguageModelDataset**은 코드 1.10과 같이 실행할 수 있다.

코드 1.10 GRU 언어 모델을 위한 데이터셋 객체 만들기

```
# chapter1/gru_lm/gru_language_model.ipynb 참고
>>> from dataset import GRULanguageModelDataset
>>> text = 'she sells sea shells by the sea shore'
>>> dataset = GRULanguageModelDataset(text)
>>> for d in dataset:
...     print(d)
...     break
...
tensor([ 1,  4,  5,  6,  7,  8,  9,  6, 10,  2])
>>> dataset.vocab
{'<pad>': 0, '<s>': 1, '</s>': 2, '<unk>': 3, 'she': 4, 'sells': 5, 'sea': 6,
'shells': 7, 'by': 8, 'the': 9, 'shore': 10}
```

코드 1.10을 보면 **GRULanguageModelDataset** 클래스에서 text에 <s>와 </s>를 앞
뒤로 붙이고 토큰화했다. 그 다음에 **dataset.vocab**을 이용해서 토큰화된 단어들을
숫자로 바꿔주고 텐서 객체로 만들었다.

이번에는 **DataLoader**를 만들 차례이다. **dataset**을 이용해서 코드 1.11과 같이 만들면 된다.

코드 1.11 GRU 언어 모델을 위한 데이터로더 만들기

```
# chapter1/gru_lm/gru_language_model.ipynb 참고
>>> from torch.utils.data import DataLoader
>>> from torch.nn.utils.rnn import pad_sequence
>>>
>>> def collate_fn(batch):
...     batch = pad_sequence(batch, batch_first=True)
...     return batch
...
>>> dataloader = DataLoader(dataset, collate_fn=collate_fn, batch_size=16)
```

torch를 이용해서 딥러닝 모델을 만들 때 **torch.nn.DataLoader**를 이용하면 데이터 Feeding하는 과정(전처리된 데이터를 모델에 입력하는 과정)을 구조적으로 간단하게 구현할 수 있다. 위에서 사용한 **collate_fn**은 **dataset**에서 리턴된 텐서 객체를 **batch_size** 개수만큼 모델에 Feeding하기 바로 직전에 호출된다. 위의 **collate_fn** 함수의 경우 **pad_sequence**라는 함수를 사용하는데 이는 torch에서 제공하는 함수로 입력되는 데이터의 길이를 특정 길이로 패딩해 주는 역할을 한다. 예를 들어 **dataset[0]**의 길이가 10이고 **dataset[1]**의 길이가 15일 경우 **dataset[0]**의 길이를 15로 맞춰주는 역할을 한다. 길이를 맞춰주지 않고 모델에 Feeding을 하면 입력 텐서의 길이가 다르다는 오류가 발생하게 된다.

dataloader는 iterable하게 코드 1.12와 같이 (batch_size, max_length) shape의 텐서를 지속적으로 Feeding한다.

코드 1.12 GRU 언어 모델 학습 전 데이터로더 테스트하기

```
# chapter1/gru_lm/gru_language_model.ipynb 참고
>>> for d in dataloader:
...     print(d)
...     print(d.shape)
...     break
...
tensor([[ 1,  4,  5,  6,  7,  8,  9,  6, 10,  2]])
torch.Size([1, 10])
```

데이터 전처리와 Feeding을 구현했으니 이제 모델링을 해보자. 코드 1.13과 같이 간단하게 만들 수 있다.

코드 1.13 GRU 언어 모델 정의하기

```
# chapter1/gru_lm/model.py 참고

from torch import nn

class GRULanguageModel(nn.Module):
    def __init__(self, hidden_size=30, output_size=10):
        super(GRULanguageModel, self).__init__()
        self.hidden_size = hidden_size
        self.output_size = output_size
        self.embedding = nn.Embedding(output_size, hidden_size)
        self.gru = nn.GRU(hidden_size, hidden_size, batch_first=True)
        self.softmax = nn.LogSoftmax(dim=-1)
        self.out = nn.Linear(hidden_size, output_size)

    def forward(self, inputs, hidden):
        '''
        Input Parameters
        - inputs: (B,1)
        - hidden: (1,B,H)
```

```
Output returns
- output: (B,1,O)
- hidden: (1,B,H)

Example
    >>> import torch
    >>> from dataset import GRULanguageModelDataset
    >>> from run_gru import GRULanguageModel, text
    >>> dataset = GRULanguageModelDataset(text)
    >>> hidden_size = 30
    >>> output_size = len(dataset.vocab)
    >>> hidden = torch.zeros((1, 1, hidden_size))
    >>> inputs = dataset[0].unsqueeze(0)
    >>> model = GRULanguageModel(hidden_size=hidden_size, output_
size=output_size)
    >>> out = model(inputs, hidden)
    >>> hidden = torch.zeros((1, 1, hidden_size))
    >>> inputs = dataset[0].unsqueeze(0)
    >>> out = model(inputs, hidden)
    >>> out[0].shape, out[1].shape
    (torch.Size([1, 10, 21]), torch.Size([1, 1, 30]))
    '''

    embedded = self.embedding(inputs)
    output, hidden = self.gru(embedded, hidden)
    output = self.softmax(self.out(output))

    return output, hidden
```

위의 코드에서 self.embedding은 (batch_size, max_length) 형태로 들어오는 텐서를 hidden_size로 임베딩하는 레이어이다. hidden_size로 임베딩하는 이유는 하나의 숫자를 hidden_size의 벡터로 임베딩해서 피처를 표현할 수 있는 차원을 넓혀준 것으로 이해하면 된다. self.gru 레이어에서는 3차원의 텐서만을 입력으로 받기 때문에 (batch_size, max_length, 1)과 같이 차원만을 맞춰줘도 상관없겠지만 그렇게 했을 경우 피처를 표현할 수 있는 경우의 수가 크게 줄어들기 때문에 효율적인 학습을 하지 못한다. hidden_size에 따른 모델 학습 결과의 차이는 1.4.3절에서 비교할 예정이다. 지금까지 데이터 전처리와 Feeding 그리고 모델링을 살펴봤다.
이제 모델을 학습하는 부분을 코드 1.14를 통해 살펴보자.

코드 1.14 GRU 언어 모델 학습을 위한 함수 정의하기

```python
# chapter1/gru_lm/run_gru.py 참고
import torch
import numpy as np


def train(inputs, labels, model, criterion, optimizer, max_grad_norm=None):
    '''
        Input Parameters
        - inputs: (B,M)
        - labels: (B,M)

        Output returns
        - loss: calculated loss for one batch tensor
        Example
            >>> from torch import nn, optim
            >>> from dataset import GRULanguageModelDataset
            >>> from run_gru import GRULanguageModel, text
            >>> hidden_size = 30
            >>> dataset = GRULanguageModelDataset(text)
            >>> output_size = len(dataset.vocab)
            >>> model = GRULanguageModel(hidden_size=hidden_size, output_
size=output_size)
            >>> criterion = nn.NLLLoss()
            >>> optimizer = optim.SGD(model.parameters(), lr=0.005)
            >>> inputs = dataset[0][:-1].unsqueeze(0)
            >>> labels = dataset[0][1:].unsqueeze(0)
            >>> loss = train(inputs, labels, model, criterion, optimizer, max_
grad_norm=5.0)
            >>> loss
            tensor(27.3188, grad_fn=<AddBackward0>)
    '''
    hidden_size = model.hidden_size
    batch_size = inputs.size()[0]
    hidden = torch.zeros((1, batch_size, hidden_size))
    input_length = inputs.size()[1]
```

```
loss = 0

teacher_forcing = True if np.random.random() < 0.5 else False
lm_inputs = inputs[:,0].unsqueeze(-1)
for i in range(input_length):
    output, hidden = model(lm_inputs, hidden)
    output = output.squeeze(1)
    loss += criterion(output, labels[:,i])

    #print('** {} vs {}'.format(lm_inputs[0,0], labels[0,i]))
    if teacher_forcing:
        lm_inputs = labels[:,i].unsqueeze(-1)
    else:
        topv, topi = output.topk(1)
        lm_inputs = topi

loss.backward()
if max_grad_norm:
    torch.nn.utils.clip_grad_norm_(model.parameters(), max_grad_norm)
optimizer.step()

return loss
```

학습 시 Teacher-forcing 기법을 1/2 확률로 사용하게 된다. Teacher-forcing 기법은 하나의 시퀀스 데이터에 대해서 학습을 진행할 때 그 시퀀스 데이터에 해당하는 레이블을 하나하나 가르쳐주는 방식이다. Teacher-forcing 기법으로 학습할 때는 다음 iteration에서 사용될 `lm_inputs`의 값을 labels로부터 받아온다. 반면에 Teacher-forcing 기법을 사용하지 않을 경우에는 output값으로부터 `lm_inputs`를 만든다.

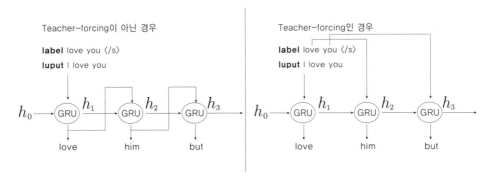

그림 1.8 Teacher-forcing 개념

그림 1.8을 보면 Teacher-forcing 기법을 사용할 경우와 그렇지 않은 경우를 잘 표현하고 있다. Teacher-forcing의 경우 GRU에 들어가는 입력이 label에서 온다. 처음 시작인 I만 input에서 오고 그 다음 love, you는 label에서 입력된다. 출력을 보면 label과 전혀 다른 love, him, but 등을 출력하고 있지만 그것들을 학습에 사용하지 않고 학습에는 제대로 된 정답인 love, you, </s>를 사용하는 것이 Teacher-forcing이다. 반면에 love, him 등을 다음 GRU의 입력으로 사용하는 경우가 Teacher-forcing 기법을 사용하지 않는 경우이다.

그 다음으로 train 함수에서 설명할 부분은 max_grad_norm 부분이다. 이 부분은 Gradient Clipping을 위한 부분이다. RNN 계열의 모델을 학습할 경우 Gradient Explosion 등이 발생하기 쉽다. Gradient Explosion이란 학습을 진행할 때 에러가 급격하게 커져서 모델의 파라미터 업데이트가 지나치게 많이 바뀌는 현상을 의미한다. 보통 학습률Learning Rate을 지정해서 업데이트되는 양을 조절하지만 학습률을 적용했음에도 불구하고 심하게 gradient가 폭발했기 때문에 학습이 제대로 되지 않는 현상이다. 이럴 경우 해결책으로 Gradient Clipping을 할 수 있는데 Gradient Clipping이란 gradient가 특정 임계threshold 값을 넘어갈 경우 gradient를 gradient의 l2norm값으로 나눠주고 임계 값을 곱해주는 것이다. 수식 1.10을 참고하라.

$$\begin{cases} gradient_{new} = (threshold/l2norm)gradient_{old} \ , if \ absolute(gradient_{old}) > threshold \\ gradient_{new} = gradient_{old} \qquad\qquad\qquad , otherwise \end{cases}$$

수식 1.10 gradient clipping 적용하기

train 함수 사용 예시는 코드 1.14에 주석으로 설명돼 있는 Example을 참고하라. run_gru.py를 실행하면 전체 학습 과정을 실행할 수 있다. run_gru.py를 실행하면 코드 1.15와 같이 출력된다.

코드 1.15 GRU 언어 모델 학습 스크립트 실행하기

```
$ python run_gru.py --hidden_size=30
0th iteration -> loss=58.4429
```

```
0th iteration -> loss=60.8093
0th iteration -> loss=59.7647
1th iteration -> loss=57.4985
1th iteration -> loss=59.2246
1th iteration -> loss=56.9591
2th iteration -> loss=56.2083
...
998th iteration -> loss=5.0649
999th iteration -> loss=19.3040
999th iteration -> loss=4.0943
999th iteration -> loss=17.3739
```

run_gru.py에서는 chapter1/gru_lm/input_data.txt를 학습한다. 이 데이터는 "she sells sea shells by the sea shore. the shells she ～"로 반복되는 텍스트 데이터이다. 학습 데이터로 이 데이터를 사용한 이유는 학습을 수월하게 하기 위함이다. 보통 언어 모델을 학습하려면 고성능의 컴퓨팅 리소스가 필요하다. 하지만 공부를 목적으로 고성능의 컴퓨터 리소스를 반드시 사용해야 한다면 그것은 효율적이지 않다. 따라서 일반적인 노트북 사양에서도 동작하는 언어 모델을 만들어 볼 수 있도록 데이터의 양과 복잡성을 크게 제한했다.

1.4.3. GRU 언어 모델로 문장 생성하기

이제 <s>부터 문장을 생성해 보자. 문장을 생성하는 generate_sentence_from_bos 함수는 코드 1.16과 같이 구현할 수 있다.

코드 1.16 학습된 GRU 언어 모델을 이용해서 문장 생성하기

```
# chapter1/gru_lm/generate.py 참고
def generate_sentence_from_bos(model, vocab, bos=1):
    '''
        Input Parameters
        - bos: begin-of-sentence token index. usually 1

        Output returns
```

```
    - generated_sentence: a sentence generated by the model

Example
    >>> import pickle
    >>> import torch
    >>> from model import GRULanguageModel
    >>> from generate import generate_sentence_from_bos
    >>> vocab = pickle.load(open('vocab.pickle', 'rb'))
    >>> hidden_size = 30
    >>> output_size = len(vocab)
    >>> model = GRULanguageModel(hidden_size=hidden_size, output_
size=output_size)
    >>> model.load_state_dict(torch.load('gru_model.bin'))
    <All keys matched successfully>
    >>> model.eval()
    GRULanguageModel(
        (embedding): Embedding(21, 30)
        (gru): GRU(30, 30, batch_first=True)
        (softmax): LogSoftmax(dim=-1)
        (out): Linear(in_features=30, out_features=21, bias=True)
    )
    >>> generated_text = generate_sentence_from_bos(model, vocab, bos=1)
    >>> print('generated sentence: {}'.format(generated_text))
    generated sentence: <s> for if she sells sea shells by the sea shore
then i'm sure she sells sea shore shells.
'''
indice = [bos]
hidden = torch.zeros((1, 1, model.hidden_size))
lm_inputs = torch.tensor(indice).unsqueeze(-1)
i2v = {v:k for k, v in vocab.items()}

cnt = 0
eos = vocab['</s>']
generated_sequence = [lm_inputs[0].data.item()]
while True:
    if cnt == 30:
        break
    output, hidden = model(lm_inputs, hidden)
    output = output.squeeze(1)
    topv, topi = output.topk(1)
    lm_inputs = topi
```

```
        if topi.data.item( ) == eos:
            tokens = list(map(lambda w: i2v[w], generated_sequence))
            generated_sentence = ' ' .join(tokens)
            return generated_sentence

        generated_sequence.append(topi.data.item( ))
        cnt += 1

    print('max iteration reached. therefore finishing forcefully')
    tokens = list(map(lambda w: i2v[w], generated_sequence))

    generated_sentence = ' ' .join(tokens)
    return generated_sentence
```

추론 과정에서는 label이 없기 때문에 모델의 output에서 가장 큰 값인 topi를 찾아서
그 값을 다음 iteration의 입력으로 사용하게 된다. 그러다가 topi가 eos와 같을 경우
에는 문장 생성이 종료된 것으로 간주하고 **generated_sentence**를 리턴한다. 정상
적으로 실행될 경우 블록 1.6과 같은 문장을 생성하게 된다.

블록 1.6: GRU 언어 모델을 이용해서 생성한 문장

⟨s⟩ for if she sells sea shells by the sea shore then i'm sure she sells sea shore shells.

마지막으로 블록 1.7에서는 hidden_size 변화에 따른 모델의 문장 생성 능력을 비교
하고 있다. hidden_size=1과 hidden_size=30으로 각각 모델링을 한 후 학습된 모델
로 문장을 생성하면 블록 1.7과 같이 큰 차이를 나타낸다. hidden_size 외의 다른 조
건은 동일하게 학습했다.

블록 1.7: hidden_size에 따른 GRU 언어 모델의 성능 차이 비교

hidden_size = 1로 학습한 경우,

$ python run_gru.py --hidden_size=1

generated_sentence: ⟨s⟩ sea sea sea sea sea sea sea sea ⟨pad⟩

hidden_size = 30으로 학습한 경우,

$ python run_gru.py --hidden_size=30

generated_sentence: ⟨s⟩ for if she sells sea shells by the sea shore then i'm sure she sells sea shore shells.

1장에서는 언어 모델을 확률적으로 접근하는 방법과 딥러닝 기반으로 접근하는 방법에 대해서 알아봤다. 2장에서는 어텐션에 대해서 알아보려고 한다.

2장

집중해 보자! 어텐션

윤우 가족은 다음 달에 미국으로 가족 여행을 떠나기로 했다.
윤우는 신나게 들떠 있지만 영어를 잘 못하는 윤우 아빠는 심각하기만 하다.
그날 저녁부터 윤우 아빠는 영어 공부를 시작해 보지만
우리말이랑 어순도 다르고 처음 본 단어들도 많고 해서 혼란스럽기만 하다.

새로운 언어를 배우는 것은 참으로 어렵다. 언어는 하루 아침에 습득할 수 없다. 새로운 언어를 배우려면 시간이 오래 걸린다. 단어를 외우고 문법을 공부하고 책을 읽어야 한다. 하지만 한 번 배워두면 머릿속에 오래 남고 그 언어로 된 만화책을 읽든 소설을 읽든 뉴스를 보든 상관없이 활용할 수 있다. 우리는 어렸을 때부터 많은 단어를 듣고 쓰고 읽고 말하면서 언어 능력을 취득했고, 그 능력은 언어가 필요한 곳이라면 어떤 곳에도 응용해서 쓸 수 있다. 이렇게 응용할 수 있는 것은 언어의 문맥을 이해하고 있기 때문이다.

자연어 처리도 컴퓨터로 하여금 언어를 이해하게 해 사람이 자연어를 처리하는 것과 같이 처리할 수 있도록 구현하는 것이다. 컴퓨터가 언어를 이해할 수 있게 만드는 데 필요한 것이 언어 모델이고, 1장에서 N-gram 언어 모델과 딥러닝 기반의 언어 모델 두 가지를 살펴봤다. N-gram 언어 모델은 문맥을 이해하지 않고 단순히 단어를 확률적으로 나타내는 언어 모델이고, 딥러닝의 RNN 구조의 언어 모델은 언어의 문맥을 이해할 수 있는 구조를 갖고 있다. RNN 구조의 언어 모델은 하나의 문장을 은닉 벡터로 표현할 수 있다.

2.1. 하나의 벡터로 모든 정보를 담는 RNN

RNN 구조의 언어 모델부터는 문맥을 이해할 수 있는 능력을 가진 언어 모델이다. 그런데 RNN의 특성상 크게 두 가지 문제점이 있다. 하나는 장기 의존성Long-term Dependancy 문제이다. RNN은 기본적으로 이전의 출력을 그 다음의 입력으로 넣는 auto-regressive한 특성을 갖고 있기 때문에 그 과정이 반복될수록 앞에서 입력됐던 단어에 대한 기억이 점점 희미해진다. 또 다른 문제는 하나의 은닉 벡터가 모든 정보를 담는다는 것이다. RNN의 auto-regressive한 특성 때문에 은닉 벡터는 모든 단어를 하나의 은닉 벡터에 표현하려고 한다.

5평짜리 방에서 사는 것을 상상해 보자. 혼자 산다고 가정하면 그래도 어느 정도 괜찮을 것이다. 그런데 친구 5명이서 그 방에서 산다면 어떨까? 잠을 잘 때도 서로 엉겨 붙어서 자야 할 것이다. RNN은 입력 문장의 총 길이에 상관없이 그 입력을 고정된 길이의 벡터로 인코딩한다. 입력 문장이 길어질수록 많은 정보를 벡터에 넣어야하기 때문에 인코딩이 힘들어질 수밖에 없다. 실제로 그림 2.1과 같이 문장의 길이가 길어질수록 LSTM의 성능이 떨어진다는 연구 결과가 있다.

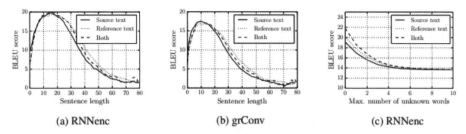

(a) RNNenc　　　　　　　**(b) grConv**　　　　　　　**(c) RNNenc**

★ BLEU 스코어: 번역 시스템을 평가하는 데 사용하는 평가 방법으로 높을수록 좋은 성능을 갖는다.

그림 2.1 시퀀스 길이에 따른 BLEU 스코어 변화

참고: 논문 On the Properties of Neural Machine Translation: Encoder-Decoder Approaches

조금 더 구체적인 예를 들어 보자. RNN으로 번역 시스템[NMT]을 만든다고 가정해 보자. NMT는 기본적으로 입력 문장[Sequence]을 번역문[Sequence]으로 바꿔주는 Sequence-To-Sequence[Seq2Seq] 구조를 갖게 된다. Seq2Seq는 인코더와 디코더 구조로 이뤄져 있다. 인코더는 입력 문장의 각 단어를 하나하나 RNN으로 인코딩하고, 디코더는 인코더의 결과(encoded)를 활용해 번역문을 구성하는 단어를 하나하나 만든다.

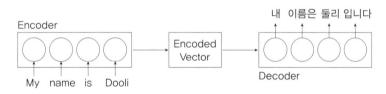

그림 2.2 Seq2Seq 구조

Seq2Seq 구조의 모델이 훌륭한 번역기로 학습되려면 그림 2.2의 Encoded Vector가 입력 문장의 모든 단어를 표현하고 있어야 한다. 짧은 문장을 번역할 때는 번역할 문장의 정보를 Encoded Vector에 충분히 담을 수 있지만 긴 문장에 대한 번역을 진행할 때는 Encoded Vector의 크기가 고정돼 있기 때문에 짧은 문장보다 정보를 잘 표현할 수 없게 된다. 이런 장기 의존성 문제의 해결을 위해 고안된 방법이 어텐션 메커니즘 이다.

2.2. 왜 어텐션(Attention)하지 않지?

앞 절에서 RNN은 입력 데이터를 하나의 벡터로 표현하는 구조를 갖고 있고, 이런 특성 때문에 입력 데이터가 길어질 경우 입력을 하나의 벡터로 표현하기가 힘들어진다고 설명했다. 그렇다면 어떻게 이 문제를 해결할 수 있을까? 필요한 부분만 집중 Attention해서 보면 된다. 번역기에서 입력 문장을 번역문으로 바꿀 때, 각 입력 단어를 해석할 때 집중해야 되는 부분이 정해져 있다. 다음의 빈 칸 채우기 문제를 보자.

ENG: My name is Dooli.

KOR: 내 이름은 둘리__.

빈 칸에 들어갈 정답은 "입니다", "이다" 등이 적절하다. 빈 칸을 채우려고 "My name", "Dooli" 등에 집중할 이유가 있을까? 물론 부분적으로는 있지만 가장 집중해야 하는 부분은 "is"이다. RNN에서 집중해야 하는 특정 부분에만 집중하도록 weight를 주는 것이 바로 어텐션 메커니즘이다. 그림 2.2에 어텐션 네트워크를 추가하면 그림 2.3과 같은 구조가 된다.

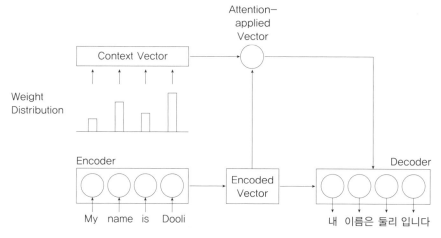

그림 2.3 Attention이 추가된 Seq2Seq 구조

디코더에서 번역 단어를 하나하나 출력할 때마다 어텐션 가중치를 추가해 주는데 이 어텐션 가중치는 인코더의 output 정보를 통해서 계산된다. 그림 2.2와 그림 2.3을 비교해 보자. 그림 2.2에서 디코더를 연산할 때 인코더의 은닉 스테이트 값만 들어간다. 하지만 그림 2.3에서는 인코더 값에서 중요한 부분에 가중치를 주는 부분이 추가됐다. 그 가중치를 통해서 컨텍스트 벡터를 만들었고 컨텍스트 벡터와 인코더의 아웃풋을 이용해서 어텐션이 적용된 벡터$^{\text{Attention-applied Vector}}$를 만들었다. 이 벡터를 디코더에서 이용하게 된다. 어텐션 네트워크에 대한 자세한 구조는 다음 절에서 상세하게 설명할 예정이다.

2.3. 어떻게 어텐션(Attention)하지?

앞 절에서 어텐션을 왜 해야 하는지에 대한 직관적인 이해를 해봤다. Seq2Seq 구조는 인코더와 디코더의 구조로 이뤄져 있는데 시퀀스의 길이가 길어질수록 인코더에서 시퀀스를 효과적으로 표현할 수 없기 때문에 뭔가 플러스 알파가 필요하다. 그것이 어텐션이며, 그 어텐션은 인코더 값을 참고해서 가중치를 만든 후 디코더 값을 만들어 가는 것이다.

이번 절에서는 어텐션에 대한 구체적인 이야기를 해보려고 한다. 어텐션을 공부할 때 이해해야 하는 쿼리^{Query}, 키^{Key}, 값^{Value}이 무엇인지 그리고 그것을 이용해서 어떻게 어텐션을 구현할 수 있는지 알아보자.

2.3.1. 묻고 참고하고 답하기

영어 울렁증이 심한 윤우 아빠가 길을 걸어가고 있는데 갑자기 파란 눈의 외국인이 말을 걸었다.

외국인: I want to go to the N-Tower. Where can I take a bus?
윤우 아빠: 음.... 엔타워 버스 스테이션... 인프론트오브 맥도날드... 스리투제로 버스...

영어 울렁증이 심한 윤우 아빠에게 언제라도 있을 수 있는 일이다. 외국인이 유창한 영어로 물어봐도 윤우 아빠 귀에는 몇 단어 들리지 않았을 것이다.

Query
N-Tower
go
bus
where

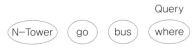

그림 2.4 윤우 아빠가 들은 단어들

윤우 아빠는 이 몇 단어를 조합한 후 머릿속에 있는 몇몇 영어 단어와 매칭해서 외국인이 뭘 원하는지 이해하려고 쩔쩔매고 있었을 것이다.

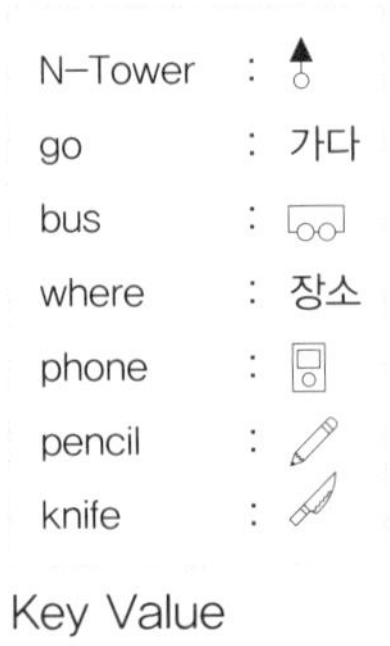

N-Tower :
go : 가다
bus :
where : 장소
phone :
pencil :
knife :
Key Value

그림 2.5 윤우 아빠가 알고 있는 단어-키와 값

드디어 윤우 아빠는 알아들은 몇 개의 단어들을 조합해서 외국인이 원하는 그림을 머릿속으로 그려낸다.

BUS
?

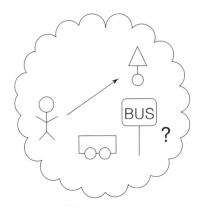

그림 2.6 윤우 아빠가 이해한 내용 - 컨텍스트

이것이 쿼리, 키, 값의 기본적인 개념이다. 쿼리는 외국인이 말한 문장에서 들은 몇 개의 단어들(N-Tower, go, bus, where)이다. 그리고 윤우 아빠가 외우고 있는 영어-한국어 단어가 각각 키와 값이다. 문법을 모르는 윤우 아빠는 자기가 들은 몇 개의 단어만을 조합해서 상황을 판단해야 하는데 최대한 자기가 알고 있는 것과 유사한 조합으로 상황을 이해하려고 노력하게 된다.

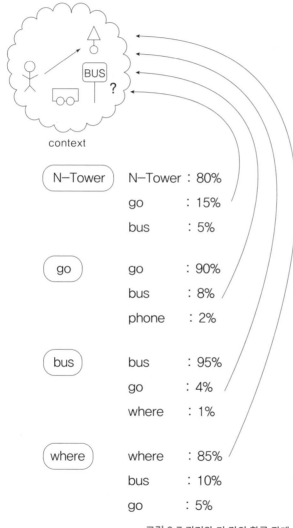

그림 2.7 쿼리와 키 간의 확률 관계

그림 2.7을 보면 리스닝한 영어 단어마다 연상되는 영어 단어를 확률적으로 매칭했고 윤우 아빠는 그 모든 결과를 조합해서 드디어 그 상황(컨텍스트)을 이해했다. 다음 절에서는 어텐션 메커니즘을 조금 더 수학적으로 접근해서 실제로 어텐션을 계산하는 방법을 알아보자.

2.3.2. 어텐션 계산해 보기

앞 절에서 예시를 통해 어텐션을 이해해 봤다. 그런데 이 책에서는 AI를 기술적인 관점에서 공부하고 있기 때문에 조금 더 구체적으로 이해해야 한다. 어텐션을 한마디로 표현하면 내가 찾고자 하는 것(쿼리)을 내가 아는 지식(키, 값)을 이용해서 찾아내는 것이다. 쿼리, 키, 값이 어텐션에서 어떻게 계산되는지 알아보자.

어텐션을 구하는 과정은 쿼리와 키의 유사도를 구하는 것이 핵심이다. 쿼리와 키의 유사도를 구한 후 그 유사도에 softmax 등을 취해서 합이 1인 비율로 바꿔준다. 그림 2.7에서 예시로 사용된 확률값이 사실은 softmax를 이용해서 만들어진 값이라고 이해하면 된다.

$$어텐션\ 가중치 = softmax(쿼리 \cdot 키)$$
$$컨텍스트 = 어텐션\ 가중치 \cdot 값$$

수식 2.1 어텐션 계산 공식

수식 2.1에서 쿼리는 디코더의 입력이다. 키는 인코더 RNN의 아웃풋을 사용하고, 값은 키와 같은 값을 사용한다. 유사도를 이용해서 qk(쿼리·키)를 만들고, softmax 함수를 이용해서 weight를 만든다. 여기까지가 어텐션을 만드는 과정이다. 이렇게 만든 weight를 값에 곱해주는 것이 어텐션을 적용하는 과정이고, 그 결과를 context라고 한다. 유사도를 구하는 데 사용하는 함수는 표 2.1을 참고하라.

함수명	수식	레퍼런스
Content Base Attention	$\text{score}(s_t, h_i) = \text{cosine}[s_t, h_i]$	Graves2014
Additive(*)	$\text{score}(s_t, h_i) = \text{v}_a^\top \tanh(\text{W}_a[s_t, h_i])$	Bahdanau2015
Location Base	$a_{t,i} = \text{softmax}(\text{W}_a s_t)$ 단, W_a는 어텐션 레이어 내의 학습 가능한 행렬	Luong2015
General	$\text{score}(s_t, h_i) = s_t^\top \text{W}_a h_i$ where W_a is a trainable weight matrix in the attention layer	Luong2015
Dot Product	$\text{score}(s_t, h_i) = s_t^\top h_i$	Luong2015
Scaled Dot-Product(^)	$\text{score}(s_t, h_i) = \dfrac{s_t^\top h_i}{\sqrt{n}}$ 단, n은 히든 스테이트의 입력 데이터 차원	Vaswani2017

표 2.1 어텐션 계산 함수 종류

이 책에서는 표 2.1에서 행렬을 곱하는 방법을 유사도 측정 함수로 정하고 이야기해 보자. 왜 유사도를 측정하는 데 행렬의 곱셈을 이용하는 것일까? 행렬의 곱셈을 하는 것이 곧 행렬의 내적을 구하는 방법이고, 행렬의 내적은 cosine을 이용해서 표현할 수 있기 때문이다. 수식 2.2를 보면 두 개의 벡터 a와 b가 있을 때 그 벡터의 사잇각을 구하는 방법이 결국 행렬의 곱으로 이뤄진다는 것을 알 수 있다. 쿼리와 키도 결국에는 벡터이다. 쿼리와 키의 유사도를 구한다는 것은 결국 두 벡터의 유사도를 구하는 것과 같고, 유사도를 구하는 방법은 표 2.1과 같이 여러 가지 방법이 있는데 이 책에서는 행렬의 곱셈을 이용한 방법으로 유사도를 구하려고 한다.

$$\vec{a} = \begin{vmatrix} a_1 \\ a_2 \\ a_3 \end{vmatrix}$$

$$\vec{b} = \begin{vmatrix} b_1 \\ b_2 \\ b_3 \end{vmatrix}, \quad b^T = \begin{vmatrix} b_1 \ b_2 \ b_3 \end{vmatrix}$$

$$\vec{a} \cdot \vec{b} = |\vec{a}||\vec{b}| \cos(x)$$

$$\vec{a} \cdot \vec{b} = a_1 b_1 + a_2 b_2 + a_3 b_3 = a \cdot b^T$$

$$\cos(x) = \frac{(a_1 b_1 + a_2 b_2 + a_3 b_3)}{|\vec{a}||\vec{b}|}$$

수식 2.2 두 벡터의 내적을 이용해 사잇각 구하기

행렬의 곱셈을 이용해서 유사도를 구한 후 그 유사도를 값에 곱해주면 된다.

결국 어텐션을 구하는 과정은 쿼리와 키 간의 유사도를 구하는 과정과 그 유사도를 값에 곱해주는 과정으로 이뤄지는 셈이다. 어텐션을 구하는 공식을 조금 이론적으로 접근해서 알아봤다. 이제는 실제 벡터 연산을 통해서 어텐션 메커니즘을 계산해 보자.

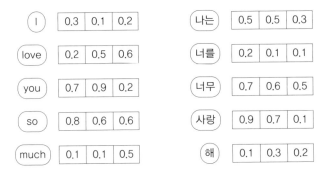

그림 2.8 토큰 벡터 예시

문장 "I love you so much"와 문장 "나는 너를 너무 사랑해"의 어텐션을 계산해 보려고 한다. 각 문장은 다섯 개의 토큰으로 쪼개져 있고, 각 토큰의 벡터는 그림 2.8과 같다.

어텐션 가중치

$= Q \otimes Key^T$

$=\begin{bmatrix} I \\ love \\ you \\ so \\ much \end{bmatrix} \times \begin{bmatrix} 나는 \ 너를 \ 너무 \ 사랑 \ 해 \end{bmatrix}$

$=\begin{bmatrix} 0.3 & 0.1 & 0.2 \\ 0.2 & 0.5 & 0.6 \\ 0.7 & 0.9 & 0.2 \\ 0.8 & 0.6 & 0.6 \\ 0.1 & 0.1 & 0.5 \end{bmatrix} \times \begin{bmatrix} 0.5 & 0.2 & 0.7 & 0.9 & 0.1 \\ 0.5 & 0.1 & 0.6 & 0.7 & 0.3 \\ 0.3 & 0.1 & 0.5 & 0.1 & 0.2 \end{bmatrix}$

$=\begin{bmatrix} 0.26 & 0.09 & 0.37 & 0.36 & 0.10 \\ 0.53 & 0.15 & 0.74 & 0.59 & 0.29 \\ 0.86 & 0.25 & 1.13 & 1.28 & 0.38 \\ 0.98 & 0.03 & 1.34 & 1.34 & 0.44 \\ 0.25 & 0.08 & 0.38 & 0.21 & 0.14 \end{bmatrix} \xrightarrow{softmax}$

	나는	너를	너무	사랑	해
I	0.203	0.171	0.227	0.224	0.173
love	0.209	0.143	0.258	0.222	0.165
you	0.200	0.108	0.262	0.304	0.123
so	0.201	0.102	0.289	0.289	0.117
much	0.206	0.174	0.235	0.198	0.185

그림 2.9 어텐션 가중치 계산

그림 2.9는 그림 2.8의 벡터 값을 이용해서 어텐션 가중치를 구하고 있다. 어텐션 가중치는 행렬 곱셈과 소프트맥스 함수를 통해서 구할 수 있다. 그림 2.9에서의 연산 결과를 보면 문장 "I love you so much"와 문장 "나는 너를 너무 사랑해"의 어텐션 가중치를 토큰별로 알 수 있다. 예를 들어 토큰 "love"에 대해서 토큰 "사랑"에 대한 가중치는 0.222이다.[1]

---

1 그림 2.8과 그림 2.9에서의 토큰 벡터는 설명을 위해 편의상 임의로 정한 벡터이기 때문에 어텐션 가중치가 문맥에 맞게 나오지 않았다. 실제 학습이 제대로 진행된 경우에는 어텐션 가중치가 문맥에 맞게 중요한 부분과 그렇지 않은 부분을 잘 구분한다.

$$\text{softmax}(Q \otimes Key^T) \otimes value$$

$$
= \begin{bmatrix}
0.203 & 0.171 & 0.227 & 0.224 & 0.173 \\
0.209 & 0.143 & 0.258 & 0.222 & 0.165 \\
0.200 & 0.108 & 0.262 & 0.304 & 0.123 \\
0.201 & 0.102 & 0.289 & 0.289 & 0.117 \\
0.206 & 0.174 & 0.235 & 0.198 & 0.185
\end{bmatrix}
\times
\begin{bmatrix}
0.5 & 0.2 & 0.7 & 0.9 & 0.1 \\
0.5 & 0.1 & 0.6 & 0.7 & 0.3 \\
0.3 & 0.1 & 0.5 & 0.1 & 0.2
\end{bmatrix}
$$

$$
= \begin{bmatrix}
0.514 & 0.464 & 0.248 \\
0.531 & 0.480 & 0.262 \\
0.592 & 0.518 & 0.257 \\
0.595 & 0.522 & 0.267 \\
0.500 & 0.456 & 0.253
\end{bmatrix}
$$

그림 2.10 어텐션 가중치 적용

그림 2.9에서 계산한 가중치를 값 벡터에 적용하면 그림 2.10과 같은 결과를 얻을 수 있다.

이 절에서 어텐션을 계산하는 방법에 대해서 자세하게 다뤘다. 어텐션은 쿼리와 키의 유사도를 구한 후 그 유사도를 softmax해 합이 1인 형태의 가중치로 변형해서 만든다. 유사도를 구하는 다양한 방법은 표 2.1에 소개돼 있다. 이렇게 만든 가중치를 값에 곱하면 컨텍스트 벡터를 만들 수 있다. 즉 컨텍스트 벡터는 쿼리와 키의 유사도 가중치를 값 벡터에 적용한 벡터인 셈이다.

2.3.3. 어텐션 구현하기

이번 절에서는 어텐션을 구현해 보자. 실제 번역기를 만들어 볼 수도 있지만 이번 절에서는 어텐션을 잘 이해할 수 있도록 간단하게 임의의 알파벳 시퀀스를 거꾸로 뒤집는 Seq2Seq 모델을 만들어 보려고 한다. 문자열을 뒤집는 모델을 예시로 선택한 이유는 어텐션을 설명하기에 조금 쉽다고 생각했기 때문이다. 단순히 문자열의 순서를 뒤집는 모델이기 때문에 데이터에 대한 사전 지식이 필요하지 않고 학습하는 데도 그렇게 큰 컴퓨팅 자원이 필요하지 않다. 구현하고자 하는 모델의 입력과 출력을 블록

2.1을 통해서 확인해 보자.

t를 입력으로 받았을 때 아웃풋으로 가장 집중해야 하는 부분은 b이다. h를 입력으로 받았을 때는 h이고, b를 입력으로 받았을 때는 t에 가장 집중해야 한다. 이제 구현해 보자. 이 책의 리포지토리에서 chapter2/attention-nmt.ipynb를 참고하라.

우선 학습할 데이터셋 확보를 위해 랜덤 알파벳 문자열을 생성하는 함수를 코드 2.1 과 같이 만들어 보자.

코드 2.1 랜덤 알파벳 문자열 생성하기

```
def generate_random_alphabet_index():
    random_length = np.random.randint(10, MAX_LENGTH-2)    # -2 because of <s>
and </s>
    random_alphabet_index = np.random.randint(0, 26, random_length) + 3
    return random_alphabet_index.tolist(), random_length

>>> generate_random_alphabet_index()
([21, 6, 26, 23, 28, 15, 18, 4, 21, 15, 19, 19], 12)
>>> generate_random_alphabet_index()
([13, 22, 19, 4, 10, 19, 25, 27, 6, 23, 25, 14, 18], 13)
```

코드 2.1과 같이 함수 generate_random_alphabet_index를 실행하면 랜덤한 길이 의 알파벳 인덱스 리스트와 그 길이를 얻을 수 있다. 보통 AI 모델에 입력을 넣을 때 는 데이터의 길이가 고정이어야 한다. 여기에서는 최대 길이를 15로 정의하자. 그 러면 최대 길이 15 이내에서 ⟨/s⟩와 ⟨pad⟩ 등을 추가해 줘야 한다. 이런 작업을 AlphabetToyDataset 클래스를 통해서 해보자. 코드 2.2는 AlphabetToyDataset을 구현한 것이다.

코드 2.2 알파벳 시퀀스 역정렬 데이터를 위한 데이터셋 클래스 정의하기

```python
from torch.utils.data import Dataset

# 데이터셋 만들기
class AlphabetToyDataset(Dataset):
    def __init__(self, n_dataset=1000):
        bos = 0
        eos = 1
        pad = 2
        self.inputs = []
        self.labels = []
        self.length = []
        for _ in range(n_dataset):
            # make input example
            aindex, alen = generate_random_alphabet_index()

            # index to alphabet
            #alphabet = list(map(lambda a: i2a[a], aindex))

            # inversing
            #inversed_alphabet = list(map(lambda a: inverse_map[a], alphabet))

            # alphabet to index
            #iindex = list(map(lambda ia: a2i[ia], inversed_alphabet))
            iindex = aindex[::-1]

            # add bos, eos and pad
            n_pad = MAX_LENGTH - len(aindex) - 1
            aindex = aindex + [eos] + [pad]*n_pad
            iindex = iindex + [eos] + [pad]*n_pad

            # add to examples
            self.inputs.append(aindex)
            self.labels.append(iindex)
            self.length.append(alen)

    def __len__(self):
        return len(self.inputs)
```

```
def __getitem__(self, index):
    return [
        torch.tensor(self.inputs[index], dtype=torch.long),
        torch.tensor(self.labels[index], dtype=torch.long),
        torch.tensor(self.length[index], dtype=torch.long)
    ]
```

위의 AlphabetToyDataset 클래스는 generate_random_alphabet_index 함수를 통해서 생성된 랜덤 알파벳 a부터 z까지를 각각 3부터 28까지 치환해 inputs를 만들고, 그것을 역순으로 배열해 labels를 만든 것이다. 즉 랜덤하게 생성된 알파벳을 역순으로 배열하는 간단한 AI 모델을 만드는 데이터셋이다.

AlphabetToyDataset을 코드 2.3과 같이 사용해서 데이터셋을 만들 수 있다.

코드 2.3 알파벳 시퀀스 역정렬 데이터를 위한 데이터셋 객체 생성하기

```
train_dataset = AlphabetToyDataset(n_dataset=3000)
valid_dataset = AlphabetToyDataset(n_dataset=300)
```

AlphabetToyDataset으로 train_dataset과 valid_dataset을 만들고, 그것을 DataLoader를 이용해서 AI 모델에 입력할 수 있도록 배치 사이즈도 설정해 줄 수 있다. 코드 2.4를 보자.

코드 2.4 알파벳 시퀀스 역정렬 데이터를 위한 데이터로더 생성하기

```
import torch
from torch.nn.utils.rnn import pad_sequence
from torch.utils.data import DataLoader

def collate_fn(batch):
    inputs = pad_sequence([b[0] for b in batch], batch_first=True)
    targets = pad_sequence([b[1] for b in batch], batch_first=True)
    lengths = torch.stack([b[2] for b in batch])

    lengths, indice = torch.sort(lengths, descending=True)
```

```
        inputs = inputs[indice]
        targets = targets[indice]
        return inputs, targets, lengths



train_dataloader = DataLoader(train_dataset, collate_fn=collate_fn, batch_
size=16)
valid_dataloader = DataLoader(valid_dataset, collate_fn=collate_fn, batch_size=1)
```

코드 2.5에서 for문을 통해서 DataLoader가 만들어 내는 데이터를 검토해 보자.

코드 2.5 알파벳 시퀀스 역정렬 데이터를 위한 데이터로더 테스트하기

```
for d in train_dataloader:
    inputs, targets, lengths = d
    print(inputs)
    print(targets)
    print(lengths)
    print(inputs.shape, targets.shape, lengths.shape)
    break


tensor([[ 6, 24, 18, 24,  6, 16, 20, 27, 20, 18, 24, 19,  1,  2,  2],
        [25, 14, 18, 19, 23,  7, 13, 28,  3, 24, 25, 21,  1,  2,  2],
        [ 4,  7, 25, 18, 16, 17, 27, 27, 21, 10,  6, 19,  1,  2,  2],
        [12,  9, 12, 16,  7, 20, 18, 19, 14, 18, 24,  1,  2,  2,  2],
        [18, 16, 19, 14,  4, 18,  8,  4,  7, 10,  7,  1,  2,  2,  2],
        [20,  7, 20, 20,  5,  7, 21, 20, 14, 10, 25,  1,  2,  2,  2],
        [18, 25, 20,  7,  6, 24, 25, 22, 20, 14, 10,  1,  2,  2,  2],
        [27,  3, 28, 28,  4, 18, 26, 28, 22, 21, 16,  1,  2,  2,  2],
        [16, 25, 27, 15, 20, 25, 11, 10, 13, 14, 16,  1,  2,  2,  2],
        [16, 14, 13,  3,  3, 20,  9, 14, 16,  3,  1,  2,  2,  2,  2],
        [20, 26, 27, 23, 26, 15, 19, 24,  8, 23,  1,  2,  2,  2,  2],
        [13, 27, 19, 21, 12, 11,  4, 11,  8, 21,  1,  2,  2,  2,  2],
        [ 6, 28,  3, 27,  4, 14, 11, 23,  5, 22,  1,  2,  2,  2,  2],
        [17, 16,  5,  8,  6, 12, 28, 17, 27, 14,  1,  2,  2,  2,  2],
        [22, 26, 20, 19, 10,  8, 18, 17, 17, 10,  1,  2,  2,  2,  2],
        [25, 20, 28, 13, 20,  4, 11, 19, 24,  5,  1,  2,  2,  2,  2]])
tensor([[19, 24, 18, 20, 27, 20, 16,  6, 24, 18, 24,  6,  1,  2,  2],
        [21, 25, 24,  3, 28, 13,  7, 23, 19, 18, 14, 25,  1,  2,  2],
        [19,  6, 10, 21, 27, 27, 17, 16, 18, 25,  7,  4,  1,  2,  2],
```

```
                [24, 18, 14, 19, 18, 20,  7, 16, 12,  9, 12,  1,  2,  2,  2],
                [ 7, 10,  7,  4,  8, 18,  4, 14, 19, 16, 18,  1,  2,  2,  2],
                [25, 10, 14, 20, 21,  7,  5, 20, 20,  7, 20,  1,  2,  2,  2],
                [10, 14, 20, 22, 25, 24,  6,  7, 20, 25, 18,  1,  2,  2,  2],
                [16, 21, 22, 28, 26, 18,  4, 28, 28,  3, 27,  1,  2,  2,  2],
                [16, 14, 13, 10, 11, 25, 20, 15, 27, 25, 16,  1,  2,  2,  2],
                [ 3, 16, 14,  9, 20,  3,  3, 13, 14, 16,  1,  2,  2,  2,  2],
                [23,  8, 24, 19, 15, 26, 23, 27, 26, 20,  1,  2,  2,  2,  2],
                [21,  8, 11,  4, 11, 12, 21, 19, 27, 13,  1,  2,  2,  2,  2],
                [22,  5, 23, 11, 14,  4, 27,  3, 28,  6,  1,  2,  2,  2,  2],
                [14, 27, 17, 28, 12,  6,  8,  5, 16, 17,  1,  2,  2,  2,  2],
                [10, 17, 17, 18,  8, 10, 19, 20, 26, 22,  1,  2,  2,  2,  2],
                [ 5, 24, 19, 11,  4, 20, 13, 28, 20, 25,  1,  2,  2,  2,  2]])
tensor([12, 12, 12, 11, 11, 11, 11, 11, 11, 10, 10, 10, 10, 10, 10, 10])
torch.Size([16, 15]) torch.Size([16, 15]) torch.Size([16])
```

이 데이터를 이용해서 학습할 모델을 만들어 보자. 코드 2.6을 참고하라.

코드 2.6 알파벳 시퀀스를 역정렬하기 위한 Seq2Seq 모델 정의하기

```python
class EncoderRNN(nn.Module):
    def __init__(self, input_size, hidden_size):
        super(EncoderRNN, self).__init__()
        self.hidden_size = hidden_size

        self.embedding = nn.Embedding(input_size, hidden_size)
        self.gru = nn.GRU(hidden_size, hidden_size, batch_first=True)

    def forward(self, inputs, hidden):
        '''
        Input Parameters
        - inputs: (B,M)
        - hidden: (1,B,H)

        Output returns
        - output: (B,1,O)
        - hidden: (B,1,H)
        - attn_weights: (B,1,M)

        Logging outputs
```

```
    ** output: torch.Size([16, 1])
    ** hidden: torch.Size([16, 1])
    '''
    #print('** inputs: {}'.format(inputs.shape))
    #print('** hidden: {}'.format(hidden.shape))
    embedded = self.embedding(inputs)     # (B,M,H)
    #print('** embedded: {}'.format(embedded.shape))
    output, hidden = self.gru(embedded, hidden)    # (B,M,H), (1,B,H)
    return output, hidden

  def initHidden(self, batch_size):
    return torch.zeros(1, batch_size, self.hidden_size, device=device)


# with attention
class AttnDecoderRNN(nn.Module):
  def __init__(self, hidden_size, output_size, dropout_p=0.1, max_length=MAX_
LENGTH):
    super(AttnDecoderRNN, self).__init__()
    self.hidden_size = hidden_size
    self.output_size = output_size
    self.dropout_p = dropout_p
    self.max_length = max_length

    self.embedding = nn.Embedding(self.output_size, self.hidden_size)
    self.attn = nn.Linear(self.hidden_size * 2, self.max_length)
    self.attn_combine = nn.Linear(self.hidden_size * 2, self.hidden_size)
    self.dropout = nn.Dropout(self.dropout_p)
    self.gru = nn.GRU(self.hidden_size, self.hidden_size, batch_first=True)
    self.out = nn.Linear(self.hidden_size, self.output_size)

  def forward(self, inputs, hidden, encoder_outputs):
    embedded = self.embedding(inputs)     # (B,1,H)
    embedded = self.dropout(embedded)

    # query: embedded
    # key: hidden
    # value: encoder_outputs

    attn_weights = F.softmax(
        self.attn(
            torch.cat((embedded, hidden.transpose(0, 1)), -1)    # (B,1,2H)
```

```
          ),    # (B,1,M)
        dim=-1)    # (B,1,M)
    #print('** attn_weights: {}'.format(attn_weights.shape))
    #print('** attn_weights: {}'.format(attn_weights))
    #print('** attn_weights.sum(): {}'.format(attn_weights.sum().shape))
    #print('** attn_weights.sum(): {:.4f}'.format(attn_weights.sum()))

    attn_applied = torch.bmm(attn_weights, encoder_outputs)    # (B,1,H)
    #print('** attn_applied: {}'.format(attn_applied.shape))
    #return

    output = torch.cat((embedded, attn_applied), -1)    # (B,1,2H)
    #print('** output: {}'.format(output.shape))
    output = self.attn_combine(output)    # (B,1,H)
    #print('** output: {}'.format(output.shape))    # (B,1,H)

    output = F.relu(output)
    #print('** output: {}'.format(output.shape))    # (B,1,H)
    #print('** hidden: {}'.format(hidden.shape))    # (B,1,H)
    output, hidden = self.gru(output, hidden)    # (B,1,H) (1,B,H)
    #print('** gru-output: {}'.format(output.shape))
    #print('** gru-hidden: {}'.format(hidden.shape))

    output = F.log_softmax(self.out(output), dim=-1)
    #print('** final-output: {}'.format(output.shape))
    #print('** final-hidden: {}'.format(hidden.shape))
    #print('** final-attn_weights: {}'.format(attn_weights.shape))
    return output, hidden, attn_weights

def initHidden(self, batch_size):
    return torch.zeros(1, batch_size, self.hidden_size, device=device)
```

모델링 부분은 조금 더 자세하게 설명하려고 한다. 이 모델은 알파벳 시퀀스를 역순
으로 배열하는 Seq2Seq 모델임을 상기하며 그림 2.11을 보자.

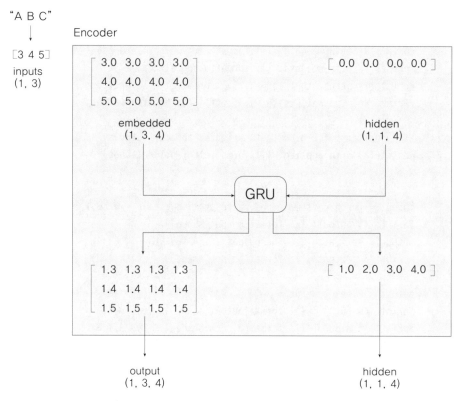

그림 2.11 코드 2.6의 알파벳 시퀀스 어텐션 메커니즘 - 인코더

그림 2.11은 [3 4 5]가 inputs로 들어갈 때 인코더에서 일어나는 연산 과정을 그림으로 나타낸 것이다. 인코더 부분은 간단하다. 우선 inputs를 임베딩해 embedded가 됐다.[2] embedded는 hidden과 함께 GRU에 입력된다. GRU는 output과 hidden을 리턴한다. 여기에서 hidden은 [3 4 5]라는 시퀀스를 하나의 벡터로 나타낸 것으로 hidden만으로는 inputs 시퀀스를 모두 표현하기 힘들기 때문에 디코더에서 output을 이용해서 어텐션을 적용한다.

---

2 이해를 돕기 위해서 임베딩한 값을 3.0, 4.0, 5.0과 같이 친숙한 숫자로 표현했다. 실제로는 랜덤한 값으로 임베딩된다.

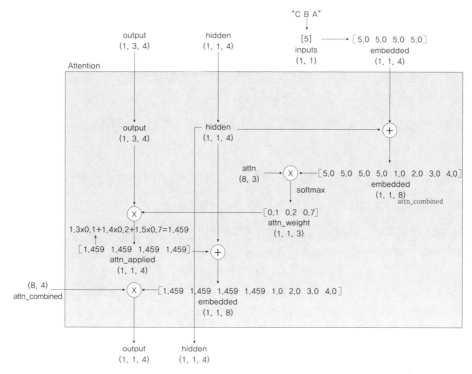

그림 2.12 코드 2.6의 알파벳 시퀀스 어텐션 메커니즘 - 디코더:어텐션

인코더에서 [3 4 5]를 inputs로 넣었을 때 기대하는 디코더의 output은 [5 4 3]이다. 디코더에서 어텐션이 적용되는 방법은 그림 2.12에 표현돼 있다. Seq2Seq 모델의 디코더는 [5 4 3]의 값을 하나씩 타임스텝마다 넣어준다. [5] 하나가 그림 2.12의 inputs이다. inputs를 임베딩해 embedded를 만들고, 그것을 그림 2.11의 인코더의 hidden 벡터와 이어 붙인다. 그렇게 이은 벡터를 attn을 통해서 행렬 곱을 해준다.[3]

여기에 softmax를 취하면 attn_weight를 얻을 수 있다. attn_weight는 softmax를 취한 값이기 때문에 총 합이 1이고, 길이는 MAX_LENGTH이다. 이 값을 그림 2.11에서 인코더의 outputs 벡터에 곱해주면 인코더 inputs [3 4 5]에 가중치

---

3 행렬 곱의 의미는 선형대수학에서의 projection이다. 즉 다른 차원의 점으로 이동시키는 것이다.

를 부여하는 셈이고, 그것이 `attn_applied`이다. `attn_applied`와 `hidden`을 이어 붙여 보자. 이 두 값을 이어 붙인다는 것은 인코더의 입력값과 디코더의 입력값을 이어 붙인 셈이다. 이 값을 `attn_combine`을 이용해 행렬 곱을 해서 relu 연산을 한 다음에 GRU에 입력으로 넣는다. 핵심은 인코더와 디코더의 입력값을 합쳐서 GRU에 넣는다는 것이고, 인코더의 입력은 어텐션 가중치가 적용된 값이라는 것이다.

이제 모델링하는 부분을 요약해 보자. 우선 인코더를 만든다. 인코더의 입력인 `inputs`는 (`batch_size, max_length`) 형태의 벡터이다. 인코더의 출력은 output 과 hidden 인데 `output`은 (`batch_size, max_length, hidden_size`)이며, `hidden`은 (`batch_size, 1, hidden_size`)이다. 그림 2.13을 보자.

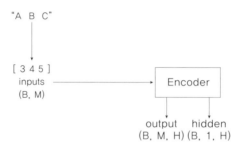

그림 2.13 인코더 요약

그 다음에는 디코더를 만드는데 디코더는 인코더처럼 하나의 시퀀스를 통째로 처리하지 않고 하나하나(auto-regressive) 시퀀스 길이만큼 반복해서 처리한다. 디코더가 입력으로 받아들이는 `inputs`는 (`batch_size, 1`)과 앞서 계산했던 인코더의 출력인 output과 hidden이다. 이 과정을 디코더의 시퀀스 길이만큼 반복하게 된다. 정리하면 그림 2.14와 같다.

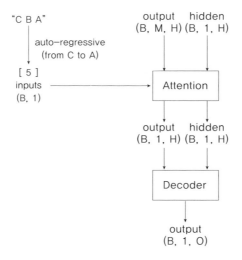

그림 2.14 디코더 요약

인코더와 디코더의 입력과 출력을 하나로 정리하면 그림 2.15와 같다.

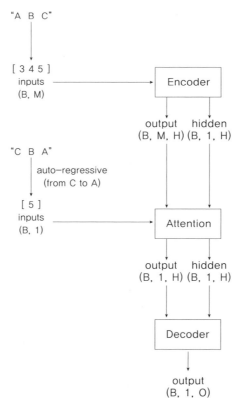

그림 2.15 인코더/디코더 요약

2.3.4 모델링 학습하기

trainIters 함수를 이용해서 Seq2Seq 모델을 학습할 수 있다. trainIters에는 train 함수를 사용하고, SGD 옵티마이저와 NLLLoss를 이용한다. 코드 2.7을 보자.

코드 2.7 알파벳 시퀀스 역정렬 모델의 학습을 위한 함수

```python
def train(input_tensor, target_tensor, encoder, decoder, encoder_optimizer,
decoder_optimizer, criterion, max_length=MAX_LENGTH, with_attention=True):
    batch_size = input_tensor.size(0)
    encoder_hidden = encoder.initHidden(batch_size)

    encoder_optimizer.zero_grad()
    decoder_optimizer.zero_grad()

    input_length = input_tensor.size(1)
    target_length = target_tensor.size(1)

    encoder_outputs = torch.zeros(max_length, encoder.hidden_size, device=device)
    loss = 0

    encoder_outputs, encoder_hidden = encoder(input_tensor, encoder_hidden)

    decoder_input = torch.tensor([bos]*batch_size, device=device)
    decoder_input = decoder_input.unsqueeze(-1)     # (B,1)

    decoder_hidden = encoder_hidden

    use_teacher_forcing = True if np.random.random() < teacher_forcing_ratio else
False

    for di in range(target_length):
        decoder_output, decoder_hidden, decoder_attention = decoder(
```

```python
            decoder_input,     # (B,1)
            decoder_hidden,    # (1,B,H)
            encoder_outputs    # (B,M,H)
        )
        decoder_output = decoder_output.squeeze(1)

        loss += criterion(decoder_output, target_tensor[:,di])

        if use_teacher_forcing:
            decoder_input = target_tensor[:,di].unsqueeze(-1)    # (B,1)
        else:
            topv, topi = decoder_output.topk(1)
            decoder_input = topi    # (B,1)

    loss.backward()

    encoder_optimizer.step()
    decoder_optimizer.step()

    return loss.item() / target_length



def trainIters(encoder, decoder, n_iters, print_every=1000, plot_every=100,
learning_rate=0.01, with_attention=True):
    start = time.time()
    plot_losses = []
    print_loss_total = 0 # print_every마다 초기화
    plot_loss_total = 0  # plot_every마다 초기화

    encoder_optimizer = optim.SGD(encoder.parameters(), lr=learning_rate)
    decoder_optimizer = optim.SGD(decoder.parameters(), lr=learning_rate)
    criterion = nn.NLLLoss()

    for iter, batch in enumerate(train_dataloader):
        input_tensor, target_tensor, length_tensor = batch
        input_tensor = input_tensor.to(device)
        target_tensor = target_tensor.to(device)
        length_tensor = length_tensor.to(device)

        loss = train(input_tensor, target_tensor, encoder,
                    decoder, encoder_optimizer, decoder_optimizer, criterion,
```

```
                    with_attention=with_attention)
            print_loss_total += loss
            plot_loss_total += loss

            if (iter+1) % print_every == 0:
                print_loss_avg = print_loss_total / print_every
                print_loss_total = 0
                print('%s (%d %d%%) %.4f' % (timeSince(start, (iter+1) / n_iters),
                                             (iter+1), (iter+1) / n_iters * 100,
print_loss_avg))

            if (iter+1) % plot_every == 0:
                plot_loss_avg = plot_loss_total / plot_every
                plot_losses.append(plot_loss_avg)
                plot_loss_total = 0

    showPlot(plot_losses)
```

코드 2.7에 대한 자세한 설명은 생략하려고 한다. 리포지토리에 있는 코드와 주피터 노트북을 통해서 스스로 학습해 보도록 하자. 코드 2.8에서 모델을 선언하고, **trainIters** 함수로 모델을 학습해 보자.

코드 2.8 알파벳 시퀀스 역정렬 모델 정의 후 학습하기

```
hidden_size = 256
encoder1 = EncoderRNN(26+3, hidden_size).to(device)
decoder1 = AttnDecoderRNN(hidden_size, 26+3, dropout_p=0.1).to(device)

for _ in range(15):
    trainIters(encoder1, decoder1, 75000, print_every=30, with_attention=True)

0m 0s (- 38m 29s) (30 0%) 3.0195
0m 1s (- 37m 7s) (60 0%) 2.8927
0m 2s (- 36m 36s) (90 0%) 2.7512
0m 3s (- 36m 23s) (120 0%) 2.6641
0m 4s (- 36m 14s) (150 0%) 2.4978
0m 5s (- 36m 7s) (180 0%) 2.3319
0m 0s (- 35m 46s) (30 0%) 2.0461
```

```
0m 1s (- 35m 45s) (60 0%) 1.9150
0m 2s (- 35m 45s) (90 0%) 1.7883
0m 3s (- 35m 44s) (120 0%) 1.6298
0m 4s (- 35m 45s) (150 0%) 1.6249
0m 5s (- 35m 45s) (180 0%) 1.5884
0m 0s (- 35m 50s) (30 0%) 1.4247
0m 1s (- 35m 52s) (60 0%) 1.3634
0m 2s (- 36m 24s) (90 0%) 1.3265
0m 3s (- 36m 18s) (120 0%) 1.2368
```

학습한 다음에는 학습한 모델을 검증해 봐야 한다. 코드 2.9의 **evaluate** 함수를 통해서 검증해 볼 수 있다.

코드 2.9 학습된 모델을 이용해서 알파벳 시퀀스 역정렬하기

```python
def evaluate(encoder, decoder, input_tensor, max_length=MAX_LENGTH):
    with torch.no_grad():
        batch_size = input_tensor.size(0)
        encoder_hidden = encoder.initHidden(batch_size)
        #print(input_tensor.shape, encoder_hidden.shape)
        encoder_outputs, encoder_hidden = encoder(input_tensor, encoder_hidden)

        decoder_input = torch.tensor([bos]*batch_size, device=device)
        decoder_input = decoder_input.unsqueeze(-1)     # (B,1)
        decoder_hidden = encoder_hidden

        decoded_words = []
        decoder_attentions = torch.zeros(max_length, max_length)

        for di in range(max_length):
            #print('** ', decoder_input.shape, decoder_hidden.shape, encoder_
outputs.shape)
            decoder_output, decoder_hidden, decoder_attention = decoder(
                decoder_input,     # (B,1)
                decoder_hidden,    # (1,B,H)
                encoder_outputs    # (B,M,H)
            )
            decoder_output = decoder_output.squeeze(1)
            decoder_attentions[:, di] = decoder_attention
```

```
                topv, topi = decoder_output.topk(1)
                decoder_input = topi      # (B,1)
                if topi.item() == eos:
                    decoded_words.append('</s>')
                    break
                else:
                    decoded_words.append(i2a[topi.item()])

            return decoded_words, decoder_attentions[:di + 1]


for d in valid_dataloader:
    input_tensor, target_tensor, length_tensor = d
    input_string = list(map(lambda i: i2a[i], input_tensor.numpy()[0]))
    output_string = list(map(lambda i: i2a[i], target_tensor.numpy()[0]))
    input_string = np.array(input_string)
    output_string = np.array(output_string)
    print('input: {}'.format(input_string))
    print('output: {}'.format(output_string))

    input_tensor = input_tensor.to(device)
    target_tensor = target_tensor.to(device)
    length_tensor = length_tensor.to(device)

    pred, attn_weight = evaluate(encoder1, decoder1, input_tensor)
    pred = np.array(pred)
    print('pred: {}'.format(pred))
    print('-------------')
```

```
input: ['u' 'r' 'a' 'k' 't' 'r' 'g' 's' 'u' 'i' '</s>' '<pad>' '<pad>' '<pad>'
 '<pad>']
output: ['i' 'u' 's' 'g' 'r' 't' 'k' 'a' 'r' 'u' '</s>' '<pad>' '<pad>' '<pad>'
 '<pad>']
pred: ['i' 'u' 's' 'g' 'r' 't' 'k' 'a' 'r' 'u' '</s>']
-------------
input: ['v' 'b' 'z' 'p' 'v' 'n' 's' 'k' 'o' 'o' '</s>' '<pad>' '<pad>' '<pad>'
 '<pad>']
output: ['o' 'o' 'k' 's' 'n' 'v' 'p' 'z' 'b' 'v' '</s>' '<pad>' '<pad>' '<pad>'
 '<pad>']
pred: ['o' 'o' 'o' 'k' 's' 'n' 'v' 'p' 'z' 'b' 'v' '</s>']
-------------
input: ['w' 'g' 'l' 'e' 'm' 'h' 'o' 'q' 'c' 'r' '</s>' '<pad>' '<pad>' '<pad>'
```

```
 '<pad>']
output: ['r' 'c' 'q' 'o' 'h' 'm' 'e' 'l' 'g' 'w' '</s>' '<pad>' '<pad>' '<pad>'
 '<pad>']
pred: ['r' 'c' 'q' 'o' 'h' 'm' 'e' 'l' 'g' 'w' '</s>']
```

코드 2.9의 결과를 보면 입력^{input}과 기대되는 출력^{output} 그리고 실제 생성된 역정렬된 시퀀스(pred) 값을 보여주고 있다. 모델에 입력을 넣어서 역정렬된 시퀀스를 생성해냈다. 입력을 역순으로 잘 생성한 것을 볼 수 있다. 코드 2.9에서 사용한 **evaluate** 함수를 잘 보자. 학습할 때와 다르게 Teacher-Forcing이 들어가지 않고, 오로지 모델이 한 글자씩 출력한 것을 연결했다. Teacher-Forcing은 모델 학습을 효과적으로 해주기 위함이므로 모델을 검증할 때는 사용하지 않는다.

마지막으로 어텐션을 시각화하면 그림 2.16과 같은 어텐션 가중치가 그려진다.

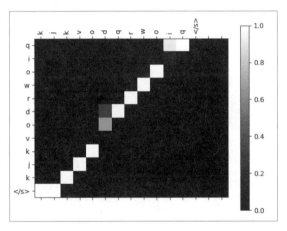

그림 **2.16** 알파벳 시퀀스를 역정렬할 때의 어텐션 가중치

가로가 입력 데이터의 방향이고, 세로가 출력 데이터의 방향이다. 입력의 제일 첫 문자인 k를 생성할 때 output의 제일 뒷 문자인 ⟨/s⟩ 부분에 가장 높은 어텐션 값을 갖는 것을 알 수 있다.

2장에서는 어텐션 네트워크에 대해서 자세하게 알아봤다. 어텐션 네트워크의 개념과 필요한 이유에 대해서 설명했고, 어텐션 네트워크가 어떤 구조를 띠고 있고 실제 구현에서 어떻게 사용되는지 예제 소스 코드를 통해서도 알아봤다. 어텐션 네트워크를 자세하게 다룬 이유는 이 책의 핵심인 3장과 4장의 이해를 위해 가장 우선적으로 필요한 개념이기 때문이다. 3장에서는 2장에서 공부한 어텐션 네트워크 개념을 이용해서 트랜스포머를 공부해 보자.

3장

안녕, 트랜스포머

외국에 처음 나가본 윤우는 사람들이 다른 언어로 말하고 있는 것을 보고 깜짝 놀랐다.

윤우: 아빠, 여기 사람들이 뭐라고 하는 거예요?

아빠: 아빠도 잘 모르겠어.

NLP에서 가장 활발하게 연구되고 있는 분야 중 하나가 Neural Machine Translation 인데 기계 번역이라고 한다. 하나의 언어에서 같은 뜻을 가진 다른 언어로 바꾸는 태스크이다. 즉 번역기이다.

2017년 6월에 구글에서 「Attention is all you need」라는 논문을 발표했다. 이 논문에서 트랜스포머라는 용어가 처음 사용됐다. 이 논문의 초록을 읽어보면 인용 1과 같은 몇 가지 포인트를 잡을 수 있다.

| 인용 1 |

논문「Attention Is All You Need」인용

- The dominant sequence transduction models are based on complex recurrent or convolutional neural networks
- We propose a new simple network architecture, the Transformer
- state-of-the-art BLEU score of 41.8 after training for 3.5 days on eight GPUs

- 대부분의 시퀀스 모델은 복잡한 RNN이나 CNN 구조로 돼 있다.
- 새로운 네트워크 구조인 트랜스포머를 제안한다.
- 8개의 GPU를 사용해서 3.5일간 학습한 결과 BLEU 스코어 41.8이라는 SoTA 결과를 달성했다.

인용 1은 논문「Attention is all you need」의 초록이다. 굵은 글씨로 된 부분을 보면 지금까지 대부분의 번역기들은 복잡한 구조의 RNN이나 CNN 구조였는데 이 논문에서는 간단한 구조의 네트워크인 트랜스포머를 제안했다. 이는 8개의 GPU에서 3.5일 만에 학습되며 WMT 2014 English-to-French 번역 데이터셋에 대해서 BLEU 스코어 41.8이라는 SOTA[1]를 기록했다는 것이다. 트랜스포머는 이후 많은 언어 모델에서 인용되고 있다.

트랜스포머는 RNN이나 CNN을 사용하지 않는다. 자연어의 데이터는 시퀀스이기 때문에 LSTM이나 GRU 등의 순서를 기억하며 학습할 수 있는 모델을 당연하게 사용해 왔다. 그러나 이 논문의 저자들은 그 과정이 복잡하다고 판단했고, 그것을 Self-Attention을 통해서 해결했다. Self-Attention을 도입하다 보니 GPU를 통해 병렬로 학습할 수 있는 연산이 더 많아졌다. 3장에서는 트랜스포머가 어떤 구조인지, 왜 좋은 성능을 내는지 알아보고 트랜스포머를 구현한 소스 코드도 살펴보려고 한다.

---

1 인공지능에서는 많은 공식 데이터셋이 있다. 각 데이터셋마다 1등 점수를 state-of-the-art, 즉 "예술의 경지"라고 한다.

3.1. 트랜스포머의 구조

트랜스포머의 전체 구조를 알아보자. 이번 절에서는 코드를 사용하지 않고 그림을 통해서만 트랜스포머의 구조를 알아보려고 한다. 어떤 인공지능 모델이든 입력과 출력을 확실하게 정리해 두면 모델의 구조를 이해하기가 훨씬 편해진다. 트랜스포머의 입력은 번역할 문장이고, 트랜스포머의 출력은 번역된 문장이다.

그림 3.1 트랜스포머의 전체 구조

그림 3.1에서는 간략한 표현을 위해서 입력과 출력을 텍스트로 표현했다. 트랜스포머에서 입력과 출력의 텍스트는 토크나이저를 이용해서 토큰화한 후 각각의 토큰을 숫자로 매핑한다. 토크나이저를 이용해서 매핑된 값이 트랜스포머의 입력과 출력이 되는 것이다.

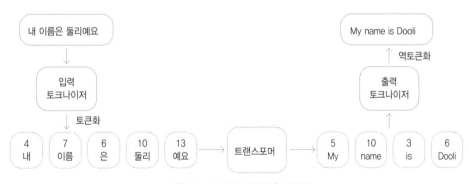

그림 3.2 토크나이저의 입출력 결과

그림 3.2를 보면 토크나이저가 두 개 사용된다. 하나는 번역할 문장인 입력을 토큰화할 입력 토크나이저이고, 다른 하나는 번역된 문장을 역토큰화할 출력 토크나이저이다. 그림 3.2와 같이 토큰화된 입력이 트랜스포머의 입력이 되고, 트랜스포머는 그 입력값을 이용해서 토큰을 출력한다. 그 출력을 다시 역토큰화해서 번역된 문장을 만든다.

이제 트랜스포머의 내부 구조를 들여다보자. 트랜스포머는 크게 인코더와 디코더로 나뉘어 있다.

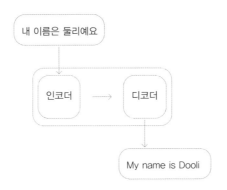

그림 3.3 트랜스포머의 내부를 구성하는 인코더와 디코더

그림 3.3의 인코더와 디코더는 각각 6개씩의 서브레이어로 구성돼 있다. 인코더를 구성하는 6개의 서브레이어는 일렬로 연결돼 있다. 일렬로 연결된 서브레이어에 입력값을 넣으면 첫 서브레이어부터 마지막 서브레이어까지 순서대로 거치게 된다. 디코더는 조금 다르다. 디코더도 인코더와 같이 6개의 서브레이어가 일렬로 구성돼 있지만 각 서브레이어가 받아들이는 입력이 조금 다르다. 디코더의 서브레이어는 이전 서브레이어의 출력과 인코더의 마지막 출력값을 입력으로 받는다. 그림 3.4를 참고하라.

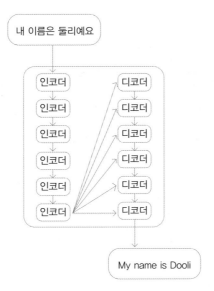

그림 3.4 트랜스포머 인코더와 디코더의 계층 구조

인코더와 디코더의 서브레이어 구조는 그림 3.5를 참고하라.

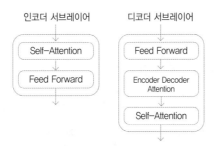

그림 3.5 인코더와 디코더의 서브레이어

그림 3.5를 보면 인코더 서브레이어에 셀프어텐션이 하나 있고, 디코더 서브레이어에는 셀프어텐션[2]과 인코더 디코더 어텐션이 있다. 3개 모두 멀티헤드 어텐션^{Multi-Head} ^{Attention} 구조이다. 우선 멀티헤드 어텐션의 구조를 살펴보자.

멀티헤드 어텐션에서 입력값을 여러 개로 쪼개서 어텐션을 계산한다. 입력값이 쪼개지는 개수를 N으로 하면 하나의 입력값을 N개로 쪼개서 각각 어텐션을 계산하게 된다. 결국 어텐션을 N번 하게 되는데 N번이 순차적으로 진행되는 것이 아니라 동시에 병렬적으로 진행된다. GPU 등의 하드웨어를 통해서 병렬로 처리할 수 있다. 즉 멀티헤드 어텐션의 "멀티헤드"는 쪼개진 입력값이 N번 병렬적으로 실행될 수 있다는 의미를 갖고 있다. 그림 3.6을 통해서 입력값이 어떻게 N개로 쪼개지는지 알아보자.

*1280이 아니라 모두 64이다.

그림 3.6 멀티헤드 어텐션을 위해 입력 벡터 쪼개기

그림 3.6을 보면 각각의 토큰은 512 사이즈의 벡터로 표현돼 있고, 토큰은 my, name, is, Dooli로 총 4개이다. 만일 8개의 멀티헤드 어텐션을 하려고 한다면 각각의 512 사이즈 벡터를 8개로 나눠서 64짜리 벡터 8개로 만든다. 그러면 모든 토큰은 각각 8개의 벡터로 쪼개진다. 2장에서 설명했던 어텐션을 다시 한 번 상기해 보자. 어텐션의 입력으로는 쿼리, 키, 값이 있다. 쿼리, 키, 값이 모두 그림 3.6과 같은 과정을 거치게 되면 그림 3.7과 같은 어텐션 연산이 가능하게 된다.

---

2 셀프어텐션은 2장에서 자세하게 설명했던 어텐션 메커니즘과 같다. 다만 쿼리, 키, 값이 모두 같은 값의 벡터를 갖는다. 쿼리, 키, 값이 모두 같은 값이기 때문에 자기 자신에 대한 어텐션 가중치를 구할 수 있다.

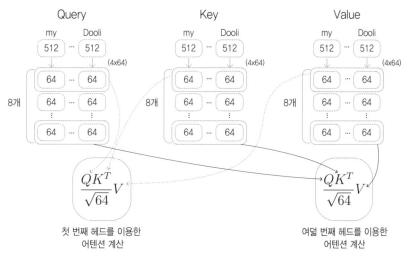

첫 번째 헤드를 이용한
어텐션 계산

여덟 번째 헤드를 이용한
어텐션 계산

그림 3.7 어텐션 계산

그림 3.7을 보면 쿼리, 키, 값을 이루는 토큰들이 모두 8개의 64 사이즈 벡터로 쪼개져 있다. 그리고 8번의 어텐션 연산이 실행된다. 이 부분에서 일어나는 연산 과정이 그림 3.5의 셀프어텐션과 인코더 디코더 어텐션에서 일어나는 연산이고 트랜스포머의 핵심이다. 중요한 과정이기 때문에 블록 3.1을 통해서 텐서 사이즈의 변화를 정리해 보도록 하자.

블록 3.1: 멀티헤드 어텐션 과정

Q = (B,M,H) → (B,M,N,K) → (B,N,M,K)

K = (B,M,H) → (B,M,N,K) → (B,N,M,K)

V = (B,M,H) → (B,M,N,K) → (B,N,M,K)

SCORE = Q x K(T) → (B,N,M,K) x (B,N,K,M) → (B,N,M,M)

PROB = SCORE/루트(K) → (B,N,M,M) → 텐서 사이즈에 변화 없음

ATTN = PROB x V = (B,N,M,M) x (B,N,M,K) → (B,N,M,K)

단,

B = 배치 사이즈

M = 토큰 개수

H = 토큰을 표현하는 벡터 사이즈

N = 멀티헤드 개수

K = H / N (항상 H가 나눠 떨어지도록 N을 설정해야 함. 즉 K는 항상 정수)

K(T) = 행렬 Transpose 연산. K의 마지막 두 차원의 순서를 바꾼 벡터

ATTN = 어텐션 결과

블록 3.1과 같은 연산을 통해서 그림 3.5의 셀프어텐션과 인코더 디코더 어텐션을 연산하면 그림 3.8과 같은 어텐션 연산 결과를 갖게 된다.

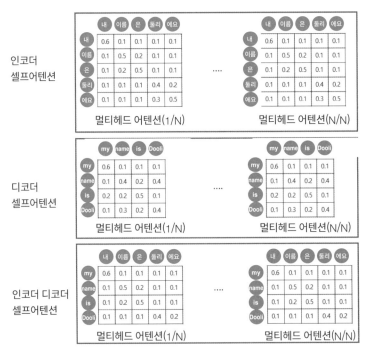

그림 3.8 인코더와 디코더 내부에서 셀프어텐션을 통해 생성되는 가중치

트랜스포머 모델의 핵심이 이 부분이다. 그림 3.8과 같은 입력에 대한 어텐션 연산을 멀티헤드 방식으로 진행하는 것이다. 이 밖에도 자세하게 보면 레이어 정규화^{Layer} ^{Normalization} 과정이나 드롭아웃^{DropOut} 등의 연산이 중간 중간에 있다. 모델의 성능에 직

접적으로 영향을 주는 중요한 부분이지만 입력 사이즈를 변형시키는 연산은 아니기 때문에 그 부분에 대한 추가적인 설명은 생략하려고 한다.

3.2. 트랜스포머 구현하기

트랜스포머를 간단하게 구현해 보자. 이 절에서 구현하는 트랜스포머는 트랜스포머의 모델 구조를 이해하는 샘플이다. 모델 성능에 영향을 주나 입력 사이즈를 변형시키지 않는 레이어 정규화나 드롭아웃 등의 구현은 생략했고, 핵심인 멀티헤드 어텐션 부분을 중점적으로 구현했다.

전체 구현은 리포지토리의 chapter3/transformer.ipynb를 참고하라.

트랜스포머는 인코더와 디코더 부분으로 나뉘어 있기 때문에 코드 3.1과 같이 인코더/디코더 부분을 중점적으로 구현해 보자. 구현에 앞서 이 절 전체에서 사용할 기호를 먼저 다음과 같이 변수로 정의했다.

트랜스포머 구현을 위한 변수 설정

```
B = 64     # 배치 사이즈
M = 10     # 토큰의 최대 길이
V = 1024   # 토큰의 개수
N = 8      # 멀티헤드 개수
H = 512    # 토큰의 임베딩 사이즈
EXP = 2048 # 확장 사이즈(FeedForward 클래스 참고)
```

코드 3.1 트랜스포머 클래스 정의하기

```
class Transformer(nn.Module):
    def __init__(self):
        super(Transformer, self).__init__()
        self.encoder = Encoder(L)
        self.decoder = Decoder(L)
```

```
    def forward(self, src, dst):
        '''
        data = np.random.randint(0, V, (B, M))
        src = torch.from_numpy(data)
        data = np.random.randint(0, V, (B, M))
        dst = torch.from_numpy(data)
        src.shape, dst.shape

        m = Transformer()
        v = m(src, dst)
        v.shape  # torch.Size([64, 10, 512])
        '''
        src_encoded = self.encoder(src)
        dst_decoded = self.decoder(dst, src_encoded)

        return dst_decoded
```

코드 3.1의 주석을 보면 트랜스포머의 입력은 (B, M) 사이즈의 번역할 문장(src)과 (B, M) 사이즈의 번역된 문장(dst)으로 구성된다는 것을 알 수 있다. 트랜스포머의 출력이 (B, M, H)가 되는데 이 사이즈의 벡터는 로그 소프트맥스 함수 등을 통해서 각 (B, M) 사이즈로 변하게 된다. 각 입력들이 인코더와 디코더에서 어떻게 처리되는지 구현을 통해 알아보자.

3.2.1. 인코더

인코더 부분의 구현을 살펴보자.

코드 3.2 인코더 클래스 정의하기

```
class Encoder(nn.Module):
    def __init__(self, n_layers):
        super(Encoder, self).__init__()
        self.n_layers = n_layers
        self.embedding = Embedding(V, H)
        self.layers = [EncoderLayer(H) for i in range(n_layers)]
```

```python
    def forward(self, x):
        '''
        data = np.random.randint(0, V, (B, M))
        x = torch.from_numpy(data)
        m = Encoder(L)
        v = m(x)
        v.shape  # torch.Size([64, 10, 512])
        '''
        x = self.embedding(x)
        for layer in self.layers:
            x = layer(x)
        return x
```

코드 3.2를 보면 Embedding 레이어에서 H 사이즈만큼으로 임베딩을 한 후 EncoderLayer를 몇 번 반복해서 돌리는 구조를 띠고 있다. EncoderLayer 내부를 살펴보려면 코드 3.3을 참고하라.

코드 3.3 임베딩 클래스 정의하기

```python
class Embedding(nn.Module):
    def __init__(self, n_vocab, hidden_size):
        super(Embedding, self).__init__()
        self.hidden_size = hidden_size
        self.embedding = nn.Embedding(n_vocab, hidden_size)

    def forward(self, x):
        '''
        data = np.random.randint(0, V, (B, M))
        x = torch.from_numpy(data)
        m = Embedding(V, H)
        v = m(x)
        v.shape  # torch.Size([64, 10, 512])
        '''
        return self.embedding(x)

class EncoderLayer(nn.Module):
    def __init__(self, hidden_size):
        super(EncoderLayer, self).__init__()
```

```
        self.self_attention = MultiHeadAttention(N, hidden_size)
        self.feedforward = FeedForward(hidden_size, EXP)

    def forward(self, x):
        '''
        x = torch.rand((B, M, H))
        m = EncoderLayer(H)
        v = m(x)
        v.shape  # torch.Size([64, 10, 512])
        '''
        x = self.self_attention(x, x, x)
        x = self.feedforward(x)
        return x
```

코드 3.3에서는 Embedding과 EncoderLayer를 구현했다. EncoderLayer 부분을 보면 MultiHeadAttention 부분이 있고 이 부분에 대한 자세한 설명은 3.1절에서 자세하게 다뤘다. MultiHeadAttention 레이어에서 멀티헤드 개수만큼의 어텐션 연산이 실행된다. 코드 3.4를 통해서 어텐션 연산을 수행하는 함수와 MultiHeadAttention 클래스의 내부를 살펴보자.

코드 3.4 멀티헤드 어텐션 클래스 정의하기

```
def attention(query, key, value, scale):
    score = torch.matmul(query, key.transpose(-2, -1)) / scale
    prob = F.softmax(score, dim=-1)
    attn = torch.matmul(prob, value)
    return attn


class MultiHeadAttention(nn.Module):
    def __init__(self, num_head, hidden_size):
        super(MultiHeadAttention, self).__init__()
        self.num_head = num_head
        self.dk = hidden_size // self.num_head

    def forward(self, query, key, value):
        '''
```

```
        x = torch.rand((B, M, H))
        m = MultiHeadAttention(N, H)
        v = m(x, x, x)
        v.shape  # torch.Size([64, 10, 512])
        '''
        n_batch = query.shape[0]
        query = query.view(n_batch, -1, self.num_head, self.dk).transpose(1, 2)
        key = key.view(n_batch, -1, self.num_head, self.dk).transpose(1, 2)
        value = value.view(n_batch, -1, self.num_head, self.dk).transpose(1, 2)

        x = attention(query, key, value, self.dk)
        x = x.transpose(1, 2).contiguous().view(n_batch, -1, self.dk * self.num_
head)
        return x
```

MultiHeadAttention 클래스의 내부를 보면 query, key, value의 값을 만드는 데 view 함수와 transpose 함수를 사용한 것을 확인할 수 있다. 이 과정을 통해서 (B, M, H)였던 입력값이 (B, N, M, dk)로 변형됐고, 이 값과 attention 함수를 이용해서 셀프어텐션을 수행한다. 참고로 query, key, value의 값이 모두 같을 경우 어텐션은 셀프어텐션을 수행하게 되고, query, key, value의 값이 다를 경우 일반적인 어텐션을 수행하게 된다. 디코더에서의 구조도 인코더와 비슷하다.

코드 3.5 디코더 클래스 정의하기

```
class DecoderLayer(nn.Module):
    def __init__(self, n_head, hidden_size):
        super(DecoderLayer, self).__init__()
        self.self_attention = MultiHeadAttention(n_head, hidden_size)
        self.encdec_attention = MultiHeadAttention(n_head, hidden_size)
        self.feedforward = FeedForward(hidden_size, 2048)

    def forward(self, x, memory):
        '''
        x = torch.rand((B, M, H))
        mem = copy(x)
        m = DecoderLayer(N, H)
        v = m(x, mem)
```

```
        v.shape  # torch.Size([64, 10, 512])
        '''
        x = self.self_attention(x, memory, memory)
        return x

class Decoder(nn.Module):
    def __init__(self, n_layers):
        super(Decoder, self).__init__()
        self.embedding = Embedding(V, H)
        self.layers = [DecoderLayer(N, H) for i in range(n_layers)]

    def forward(self, x, memory):
        '''
        data = np.random.randint(0, V, (B, M))
        x = torch.from_numpy(data)
        mem = torch.rand((B, M, H))
        m = Decoder(L)
        v = m(x, mem)
        v.shape  # torch.Size([64, 10, 512])
        '''
        x = self.embedding(x)
        for layer in self.layers:
            x = layer(x, memory)
        return x
```

코드 3.5를 보면 디코더의 구조도 `DecoderLayer`를 몇 번 반복해서 수행하는 형태인 것을 알 수 있다. 다만 `DecoderLayer`를 보면 `MultiHeadAttention` 클래스가 두 번 정의돼 있다. 하나는 셀프어텐션을 위함이고, 다른 하나는 인코더에서의 값과 어텐션 연산을 하기 위함이다. `DecoderLayer`의 입력값 중에서 `memory`가 인코더로부터 넘어온 인코더의 출력값이다.

마지막으로 포지셔널 인코딩에 대해서 알아보자. 트랜스포머에서는 RNN과 같은 순환 구조를 사용하지 않는다. 따라서 토큰 간의 순서 정보를 학습할 경우 약간의 추가적인 순서 정보를 넣어준다. 포지셔널 인코딩은 코드 3.6과 같이 구현할 수 있다.

```python
class PositionalEncoding(nn.Module):
    def __init__(self, hidden_size):
        super(PositionalEncoding, self).__init__()
        pos_encoding = torch.zeros(M, hidden_size)
        position = torch.arange(0, M).unsqueeze(1)
        div_term = torch.exp(torch.arange(0, hidden_size, 2) *
                             -(math.log(10000.0) / hidden_size))
        pos_encoding[:, 0::2] = torch.sin(position * div_term)
        pos_encoding[:, 1::2] = torch.cos(position * div_term)
        self.pos_encoding = pos_encoding.unsqueeze(0)

    def forward(self, x):
        '''
        x = torch.rand((B, M, H))
        m = PositionalEncoding(H)
        v = m(x)
        v.shape  # torch.Size([64, 10, 512])
        '''
        x = x + Variable(self.pos_encoding[:, :x.size(1)],
                         requires_grad=False)
        return x
```

포지셔널 인코딩은 Embedding 레이어를 통해 임베딩된 벡터에 대해서 실행된다. 이 포지셔널 인코딩은 인코더와 디코더의 입력 모두 필요하다. 코드 3.7은 인코더와 디코더에 포지셔널 인코딩을 추가한 것이다.

코드 3.7 인코더와 디코더 클래스에 포지셔널 인코딩 추가하기

```python
class Encoder(nn.Module):
    def __init__(self, n_layers):
        super(Encoder, self).__init__()
        self.n_layers = n_layers
        self.embedding = Embedding(V, H)
        self.position = PositionalEncoding(H)
        self.layers = [EncoderLayer(H) for i in range(n_layers)]

    def forward(self, x):
```

```
    '''
    data = np.random.randint(0, V, (B, M))
    x = torch.from_numpy(data)
    m = Encoder(L)
    v = m(x)
    v.shape  # torch.Size([64, 10, 512])
    '''
    x = self.embedding(x)
    x = self.position(x)
    for layer in self.layers:
        x = layer(x)
    return x


class Decoder(nn.Module):
    def __init__(self, n_layers):
        super(Decoder, self).__init__()
        self.embedding = Embedding(V, H)
        self.position = PositionalEncoding(H)
        self.layers = [DecoderLayer(N, H) for i in range(n_layers)]

    def forward(self, x, memory):
        '''
        data = np.random.randint(0, V, (B, M))
        x = torch.from_numpy(data)
        mem = torch.rand((B, M, H))
        m = Decoder(L)
        v = m(x, mem)
        v.shape  # torch.Size([64, 10, 512])
        '''
        x = self.embedding(x)
        x = self.position(x)
        for layer in self.layers:
            x = layer(x, memory)
        return x
```

3.3. 왜 트랜스포머인가

필자가 처음 Transformer 구조를 공부했을 때 구현된 모델의 구조를 봐도 RNN 계열의 구조가 보이지 않았다. 시퀀스를 다루는 데 있어서 당연하게 포함됐던 RNN 계열의 구조가 없었던 것이다. 당시에 개인적으로 꽤나 충격적이었다. 논문을 읽어보면 Self-Attention을 사용한 이유를 크게 다음과 같이 세 가지로 들고 있다.

첫째, 레이어 단위별로의 컴퓨팅 연산

둘째, 병렬 처리될 수 있는 컴퓨팅 연산

셋째, 먼 거리에 있는 단어들끼리의 의존성을 학습하기 위함

우선 각 레이어마다 기본적인 컴퓨터 연산이 얼마나 들어가는지에 대한 내용, 즉 시간복잡도를 살펴보자. RNN, CNN 계열의 시간복잡도와 Self-Attention의 시간복잡도를 비교하면 표 3.1과 같다.

Layer Type	Complexity per Layer	Sequential Operations	Maximum Path Length
Self-Attention	$O(n^2 * d)$	$O(1)$	$O(1)$
RNN	$O(n * d^2)$	$O(n)$	$O(n)$
CNN	$O(k * n * d^2)$	$O(1)$	$O(\log_k(n))$
Self-Attention(restricted)	$O(r * n * d)$	$O(1)$	$O(n/r)$

표 3.1 CNN, RNN, 셀프어텐션의 시간복잡도

표 3.1을 보면 n < d일 경우 Self-Attention이 RNN보다 빠르다는 것을 알 수 있다. 논문에서는 n이 커질 경우에는 Self-Attention을 할 때 입력의 일부분만을 고려하는 Self-Attention(restricted)를 제안했다. 입력의 일부분을 고려한다는 것은 한 입력의 전체 길이에 해당하는 어텐션을 구하는 것이 아니라 일부 길이(r)에 해당하는 부분에 대해서만 어텐션을 구하는 것이다. 이럴 경우 시간복잡도가 $O(r*n*d)$로 줄어들게 된다. 대신에 Self-Attention(restricted)를 사용할 경우 단점은 Maximum Path Length를 찾는 시간복잡도가 $O(1)$에서 $O(n/r)$으로 늘어나게 된다.

105

또한 Self-Attention의 경우 기본적으로 행렬 곱을 수행하는 연산이다. 따라서 연산을 수행할 때 병렬처리가 가능하다.

마지막으로, Self-Attention은 먼 단어들끼리의 의존성을 계산할 때도 이점이 있다. Self-Attention 연산을 수행하면 하나의 시퀀스에서 첫 번째 토큰과 마지막 토큰 간의 관계도 연산할 수 있다. 이는 서로 멀리 떨어져 있는 단어들간의 의존성을 고려할 수 있도록 설계된 것이다.

3.4. 트랜스포머 학습 결과

이 절에서는 트랜스포머가 학습된 결과와 성능에 대해서 이야기해 보려고 한다. 트랜스포머의 성능을 평가할 때는 PPL과 BLEU라는 두 가지 평가 지표를 사용한다. 이 절에서 사용한 결과는 논문에 나온 결과이며, 이 책의 소스 코드로 실행한 결과가 아니다.

3.4.1. Perplexity(PPL)

우선 PPL에 대해서 알아보자. PPL은 Perplexity의 약자로 언어 모델의 성능을 나타내는 데 사용한다. Perplexity를 영어사전에서 찾아보면 뭔가를 이해할 수 없어서 느끼는 당혹감이라고 나와 있다. 유사한 단어로 Confusion이 있다. 즉 PPL은 얼마나 혼동스러운지를 나타내는 지표로 보면 된다. 따라서 낮을수록 더 좋은 값을 갖게 된다. PPL을 구하는 공식은 수식 3.1과 같다.

$$Perplexity(w_1 w_2 ... w_n) = P(w_1 w_2 ... w_n)^{-\frac{1}{N}}$$

수식 3.1 PPL 공식

수식이 복잡해 보이지만 해석해 보면 한 시퀀스에 대한 확률값을 구한 후 그 값에 $-(1/n)$ 제곱을 해준 결과이다. 예를 들어 보자. 주사위를 10번 던지는 경우에 대한 PPL은 블록 3.2와 같이 구할 수 있다.

PPL을 조금 더 쉽게 설명하면 PPL값만큼의 경우의 수로 다음 단어를 예측하려고 하는 것으로 이해할 수 있다. 각각의 확률이 1/6인 경우 PPL이 6이 나왔다. 즉 6개 중에 한 개를 다음 입력값으로 고민하고 있다고 해석할 수 있다. 여기에서는 언어 모델의 PPL에 대해서 이야기를 하고 있으니 이전 모델의 PPL도 비교해 보도록 하자.

언어 모델	분류	PPL
Unigram	N-gram	962
Bigram	N-gram	170
Trigram	N-gram	109
Interpolated Kneser-Ney 5-gram	N-gram	68
RNN-1024+MaxEnt9-gram		51
LSTM-2048		44
2-layer LSTM-8192		30
Transformer-base		5

표 3.2 트랜스포머 및 이전 모델의 PPL

표 3.2의 PPL은 서로 같은 비교 대상으로 구한 PPL은 아니다. 그렇지만 값의 범위 값을 비교해 보면 좋을 것 같다. N-gram 모델에서는 PPL이 100단위이다. Unigram 의 경우 962까지 나온다. 다음 단어를 예측하는 데 후보 단어가 962개나 있다는 뜻이다. 그러면 자연스럽게 다음 단어를 예측하는 확률이 떨어질 것이며 이는 모델이 자연어를 이해하는 성능에 영향을 미칠 것이다. 반면에 AI 기반의 모델은 PPL이 훨씬 낮다. 특히 트랜스포머의 경우 10 이하의 PPL을 보여주고 있다. 표 3.2가 동일한 조

건에서 구한 PPL이 아니라는 점을 다시 한 번 강조한다. 표 3.2를 통해서 다른 언어 모델에 비해서 AI/트랜스포머 언어 모델이 자연어를 이해하는 지표의 수치가 훨씬 높다는 것을 이해했다면 충분하다.

N-gram 기반의 언어 모델에서는 N-gram 확률을 직접 곱해서 PPL을 구할 수 있다. 그러나 단어와 단어 간의 확률을 명시적으로 구할 수 없는 인공지능 모델의 경우 어떻게 엔트로피를 구할 수 있을까? 인공지능 모델의 학습에 많이 사용하는 Loss인 Cross Entropy Loss를 이용해서 PPL을 구한다.

3.4.2. BLEU 스코어

논문 「Attention is all you need」에서는 트랜스포머를 이용해서 번역기를 만들었다. 번역 성능을 측정하는 지표에는 BLEU가 있다. BLEU 스코어는 Bilingual Evaluation Understudy Score의 약자이다. 사람이 번역한 결과와 기계가 번역한 결과가 얼마나 서로 유사한지를 비교하는 지표이다. 이번 절에서는 BLEU 스코어의 계산법에 대해서 간단하게 언급한 후 트랜스포머의 BLEU 스코어도 언급해 보려고 한다.

문장 번역은 사실 정답이 없다. 하나의 문장을 다른 문장으로 번역했을 때 서로 다른 문장이지만 같다고 볼 수 있는 여러 가지 경우의 수가 있기 때문이다. 따라서 BLEU 스코어에서는 정답 문장을 여러 개 둘 수 있게 디자인돼 있다. "나는 너를 항상 사랑해."라는 문장을 번역기 A, B, C가 각각 영작했다고 해보자. 블록 3.3을 보자.

블록 3.3: 번역기 A, B, C의 결과

번역할 문장: 알지? 나는 너를 항상 매우 사랑해.

후보 문장 A: know that I always love you that much.

후보 문장 B: you love I always.

후보 문장 C: I I I I I.

정답 문장 1: you know I always love you so much.

정답 문장 2: know right I always love you a lot.

군이 BLEU 스코어를 계산하지 않아도 후보 문장 A가 가장 좋은 문장이라는 것은 쉽게 알 수 있다. 후보 문장 B는 문법이 엉망이다. 후보 문장 C는 하나의 단어만 출력하고 있다. 여기에서는 제대로 BLEU 스코어를 구하는 방법을 알아보고 있으니 위의 후보 문장들을 정답 문장 1과 정답 문장 2를 이용해서 평가해 보자. BLEU를 계산하는 코드는 chapter3/bleu-example.ipynb를 참고하라.

우선 BLEU 스코어를 구하는 방법에 대해서 알아보자. BLEU 스코어의 가장 처음 단계는 후보 문장들의 단어 카운트를 세는 것부터 시작한다.

블록 3.4: 후보 문장 A~C의 단어 카운트
후보 문장 A: { 'know': 1, 'that': 2, 'I': 1, 'always': 1, 'love': 1, 'you': 1, 'much': 1 }
후보 문장 B: { 'you': 1, 'love': 1, 'I': 1, 'always': 1 }
후보 문장 C: { 'I': 5 }

블록 4.4에서 카운트한 각 후보 문장의 단어 개수와 실제 정답 문장에서 사용되는 단어들을 비교해 보자. 예를 들어 후보 문장 A를 이용해서 BLEU 스코어를 구한다고 했을 때 후보 문장 A의 카운트를 정답 문장 1과 정답 문장 2의 카운트셋으로 비교하는 작업을 진행할 것이다. 정답 문장 1과 정답 문장 2의 카운트셋은 블록 3.5와 같다.

블록 3.5
정답 문장 1: { 'you': 1, 'know': 1, 'I': 1, 'always': 1, 'love': 1, 'you': 1, 'so': 1, 'much': 1 }
정답 문장 2: { 'know': 1, 'right': 1, 'I': 1, 'always': 1, 'love': 1, 'you': 1, 'a': 1, 'lot': 1 }

정답 문장 1과 정답 문장 2에서 사용된 단어를 하나로 합쳐보자. 합칠 때 정답 문장 1과 정답 문장 2에서 동시에 나타나는 단어에 대해서는 둘 중 큰 값으로 사용하자. 예를 들어 정답 문장 1에서 know가 5번 나타났고, 정답 문장 2에서 know가 8번 나타났다면 8을 사용한다. 정답 문장 1과 정답 문장 2를 합치면 블록 3.6과 같이 합쳐질 수 있다. 정답 문장 1과 정답 문장 2에서는 모든 단어가 하니씩 나타났으므로 모든 단어의 카운트 빈도는 1이 된다.

블록 3.6

정답 문장 1&2: { 'you': 1, 'I': 1, 'always': 1, 'love': 1, 'so': 1, 'much': 1, 'know': 1, 'right': 1, 'a': 1, 'lot': 1 }

이제 블록 3.4의 후보 문장 A와 블록 3.6의 정답 문장 1&2를 비교해 보자. 기본적으로 BLEU 스코어는 정답 문장에서 사용된 단어들이 후보 문장에서 얼마나 자주 나타나는지를 나타내는 지표이다. 후보 문장 A에서 총 8개의 단어가 사용됐다. 그중에서 정답 문장 1&2에 나타난 단어의 카운트 수는 6개이다.

블록 3.7

 # 후보 문장 A의 유니그램 정밀도

후보 문장 A에 나타난 단어 카운트의 합 -> know=1 + that=2 + I=1 + always=1 + love=1 + you=1+ much=1 -> 총 8

후보 문장 A에 나타난 단어가 후보 문장 A와 실제 정답 문장 1&2에서 각각 몇 번씩 나왔는지 비교

* know: 후보 문장 A에서 1번 출현했으나 실제 정답 문장 1&2에서는 1번 출현 -> 1개 맞음

* that: 후보 문장 A에서 2번 출현했으나 실제 정답 문장 1&2에서는 0번 출현 -> 0개 맞음

* I: 후보 문장 A에서 1번 출현했으나 실제 정답 문장 1&2에서는 1번 출현 -> 1개 맞음

* always: 후보 문장 A에서 1번 출현했으나 실제 정답 문장 1&2에서는 1번 출현 -> 1개 맞음

* love: 후보 문장 A에서 1번 출현했으나 실제 정답 문장 1&2에서는 1번 출현 -> 1개 맞음

* you: 후보 문장 A에서 1번 출현했으나 실제 정답 문장 1&2에서는 1번 출현 -> 1개 맞음

* much: 후보 문장 A에서 1번 출현했으나 실제 정답 문장 1&2에서는 1번 출현 -> 1개 맞음

-> 총 6개 맞음

후보 문장 A의 유니그램 정밀도: 6/8

블록 3.7을 보면 유니그램 정밀도를 구하는 과정이 설명돼 있다. 후보 문장 A에 사용된 단어들 중 실제로 정답으로 사용된 것이 몇 개인지를 카운트하는 단순한 계산이다. 후보 문장 A에서 know는 한 번, that은 두 번, I는 한 번, always는 한 번, love는 한 번, you는 한 번, much도 한 번 사용됐다. 이 단어들이 전부 다 정답지에서 같은

빈도로 나타나지 않았을 것이다. 실제로 정답 문장 1&2에서 비교해 봤더니 know는 한 번 출현했다. 그러면 know는 맞는 것이다. 다음 단어인 that의 경우 후보 문장 A에서 두 번 나왔는데 정답 문장 1&2에서는 한 번도 나오지 않으므로 that은 두 번 다 틀린 것이다. 마찬가지 원리로 I, always, love, you, much에 대해서 보면 모두 후보 문장 A에서 한 번씩 출현했고, 실제 정답 문장 1&2에서도 한 번씩 출현했으므로 즉 모두 정답이다. 따라서 최종적으로 후보 문장 A의 유니그램 정밀도는 6/8이 된다.

그러면 후보 문장 A, 후보 문장 B, 후보 문장 C의 유니그램 정밀도를 모두 구해보자.

블록 3.8
 # 후보 문장 A의 유니그램 정밀도: 6/8 -> 블록 3.7 참고

후보 문장 B의 유니그램 정밀도
후보 문장 B에 나타난 단어 카운트의 합 -> you=1 + love=1 + I=1 + always=1 -> 총 4
후보 문장 B에 나타난 단어가 후보 문장 B와 실제 정답 문장 1&2에서 각각 몇 번씩 나왔는지 비교
* you: 후보 문장 A에서 1번 출현했으나 실제 정답 문장 1&2에서는 1번 출현 -> 1개 맞음
* love: 후보 문장 A에서 1번 출현했으나 실제 정답 문장 1&2에서는 1번 출현 -> 1개 맞음
* I: 후보 문장 A에서 1번 출현했으나 실제 정답 문장 1&2에서는 1번 출현 -> 1개 맞음
* always: 후보 문장 A에서 1번 출현했으나 실제 정답 문장 1&2에서는 1번 출현 -> 1개 맞음
-> 총 4개 맞음
후보 문장 B의 유니그램 정밀도: 4/4

후보 문장 C의 유니그램 정밀도
후보 문장 C에 나타난 단어 카운트의 합 -> I=5 -> 총 5
후보 문장 C에 나타난 단어가 후보 문장 C와 실제 정답 문장 1&2에서 각각 몇 번씩 나왔는지 비교
* I: 후보 문장 C에서 5번 출현했으나 실제 정답 문장 1&2에서는 1번 출현 -> 1개 맞음
-> 총 1개 맞음
후보 문장 C의 유니그램 정밀도: 1/5

블록 3.8을 보기 전에도 계산 방식이 뭔가 이상하다는 것을 눈치챈 독자들이 있었을 것이다. 유니그램 방식으로 단어의 빈도 수만을 갖고 정밀도를 구하면 순서가 바뀌는

것을 고려할 수 없다. 블록 3.8을 보면 후보 문장 B는 "you love I always"인데 이는 문법이 엉망이다. 그런데 이 단어들이 정답 문장 1&2에서 모두 같은 수로 쓰였다는 이유 하나만으로 정밀도가 1이 된다. 이 문제를 해결하려면 BLEU 스코어를 구할 때 기본적으로 유니그램부터 N-gram까지 정밀도를 N번 구해서 각각 가중치를 준다. N을 4정도로 정해서 유니그램, 바이그램, 3-gram, 4-gram으로 후보 문장 A~C까지의 정밀도를 구해보자.

블록 3.9

\# 후보 문장 A의 1~4그램 정밀도

1-gram: 6/8

2-gram: 3/7

3-gram: 2/6

4-gram: 1/5

\# 후보 문장 B의 1~4그램 정밀도

1-gram: 4/4

2-gram: 1/3

3-gram: 0/2

4-gram: 0/1

\# 후보 문장 C의 1~4그램 정밀도

1-gram: 1/5

2-gram: 0/4

3-gram: 0/3

4-gram: 0/2

그리고 1~4-gram까지의 가중치를 각각 균등하게 0.25로 정하면 BLEU 스코어는 블록 3.9에서 구한 1~4-gram에 대한 정밀도에 log를 씌운 후 0.25씩 가중치를 곱한 것을 합친다.

블록 3.10에서 log(0)인 부분은 계산 불가능하므로 아주 작은 숫자 log(1/100000000)로 치환한 후 계산했다. BLEU 스코어는 블록 3.10에서 구한 값 자연로그 e에 대한 exponential 함수를 취해준다.

마지막으로 블록 3.11에 Brevity Penalty를 곱해준 값이 최종적으로 BLEU 스코어가 된다. Brevity Penalty는 후보 문장의 길이와 정답 문장의 길이를 비교해서 결정된다. 보통 후보 문장은 한 개이고, 정답 문장은 여러 개가 있는데 그중에서 후보 문장의 길이와 가장 길이가 차이가 작은 정답 문장을 택한다. 그 정답 문장의 길이와 후보 문장의 길이를 비교해서 코드 3.8과 같이 Brevity Penalty를 구한다.

코드 3.8 Brevity Penalty 구하기

```python
def brevity_penalty(closest_ref_len, hyp_len):
    '''
    closest_ref_len: 후보 문장과 가장 길이 차이가 작은 문장의 길이
    hyp_len: 후보 문장의 길이의 길이
    '''
    if hyp_len > closest_ref_len:
        return 1
    elif hyp_len == 0:
        return 0
    else:
        return math.exp(1 - closest_ref_len / hyp_len)
```

후보 문장의 길이가 더 길 경우에는 Brevity Penalty가 1이다. 그 이유는 이미 N-gram 방식을 통해서 페널티를 적용받고 있기 때문에 추가적인 페널티를 주지 않은 것이다. 그런데 후보 문장의 길이가 더 짧을 경우에는 엉망으로 번역된 문장임에도 불구하고 유니그램 또는 바이그램 정밀도가 생각보다 높게 나오는 경우가 발생한다. 후보 문장 B의 바이그램 카운트가 그런 경우이다. 블록 3.10을 보면 후보 문장 B의 바이그램 정밀도는 1/3로 문법이 엉망인 것에 비하면 생각보다 정밀도가 높다. 정밀도를 조금 더 자세하게 분석해 보자.

후보 문장 B의 바이그램 카운트에서는 "you know"밖에 맞은 것이 없는데도 불구하고 생각보다 분모 부분이 크지 않아서 정밀도 값이 상대적으로 높게 나온다. 이런 경우에 대한 페널티를 적용하려면 코드 3.8과 같이 Brevity Penalty를 적용한다.

코드 3.8의 규칙으로 후보 문장 A~C의 Brevity Penalty를 계산하면 블록 3.12와 같은 결과를 갖는다.

블록 3.12

후보 문장 A의 Brevity Penalty
후보 문장의 길이 = 8
후보 문장과 가장 길이 차이가 적은 정답 문장의 길이 = 8
Brevity Penalty = 1

후보 문장 B의 Brevity Penalty
후보 문장의 길이 = 4
후보 문장과 가장 길이 차이가 적은 정답 문장의 길이 = 8
Brevity Penalty = 0.36787944117144233

후보 문장 C의 Brevity Penalty
후보 문장의 길이 = 5
후보 문장과 가장 길이 차이가 적은 정답 문장의 길이 = 8
Brevity Penalty = 0.5488116360940264

블록 3.12에서 구한 Brevity Penalty와 블록 3.11에서 구한 exponential값을 곱해준 것이 최종적인 BLEU 스코어이다.

블록 3.13

후보 문장 A의 BLEU 스코어
bleu score = 1 * 0.38260294162784475 = 0.38260294162784475

후보 문장 B의 BLEU 스코어
bleu score = 0.36787944117144233 * 7.598356856515924e-05 = 2.795279274196275e-05

후보 문장 C의 BLEU 스코어
bleu score = 0.5488116360940264 * 6.687403049764207e-07 = 3.670124608961276e-07

트랜스포머의 BLEU 스코어는 표 3-3과 같이 EN-FR(영어 → 프랑스어)과 EN-DE(영어 → 독일어) 모델에서 모두 SOTA를 기록했다.

모델	EN-DE	EN-FR
GNMT + RL	24.6	39.92
ConvS2S Ensemble	24.36	41.29
Transformer (base model)	27.3	38.1
Transformer (big model)	28.4	41.8

표 3.3 트랜스포머의 BLEU 스코어

3장에서 트랜스포머가 나오게 된 배경과 트랜스포머의 구조를 알아봤고, 트랜스포머의 학습과 검증 과정에 사용됐던 지표인 PPL과 BLEU에 대해서도 알아봤다. 「Attention is all you need」에 나오는 최초의 트랜스포머는 2018년 이후의 급격한 NLP 발전의 모티브로 작용해 2019년, 2020년 다른 논문에서도 많이 인용됐다. 트랜스포머가 Self-Attention을 이용해서 필요한 부분에 대해서만 가중치를 높게 주고, 그것을 기반으로 번역문을 생성해 번역 품질이 급격하게 상승했지만 그래도 번역기일 뿐이다.

다른 종류의 NLP 태스크를 할 경우 새로운 데이터를 이용해서 학습해야 하며 이는 많은 양의 데이터와 오랜 시간의 학습 시간을 필요로 한다. 이런 문제는 2018년 10월에 발표된 BERT를 통해서 해결할 수 있다. 4장에서는 BERT에 대해서 알아볼 예정이다.

4장

중간부터 학습하자!
사전 학습과 파인튜닝

아직 말을 못하는 윤우에게 지난 2년간 윤우 엄마, 아빠는 매일 이런저런 얘기를 해줬다.

드디어 윤우가 조금씩 말하기 시작하면서 두 개의 단어를 연결해서 말하기 시작했다.

"맘마 마니~"

아빠의 질문에 대답도 한다.

"윤우 잠 얼마나 잤어?" "마니~"

아무것도 모르는 아이들에게 엄마와 아빠는 계속해서 말을 건넨다. 그러면 아이들은 자연스럽게 조금씩 언어를 배워나가기 시작한다. 단어를 하나씩 학습하게 되고 단어와의 관계를 학습하며 순서도 학습하게 된다. 특정 단어들끼리는 항상 같이 붙어 다닌다는 것을 알게 되고 나아가 문맥 간의 논리적인 관계도 이해하게 된다. 컴퓨터가 언어를 이해할 수 있도록 확률 기반의 N-gram 방식을 오랫동안 사용했고, 이를 1장에서 설명했다. 그리고 2장에서는 인공지능 기법을 이용해서 컴퓨터가 언어를 이해하게 하는 방법을 설명했다. 3장, '안녕 트랜스포머'에서는 번역기를 타겟팅한 획기적인 모델 구조인 트랜스포머 구조를 설명했다. 4장과 5장에서 설명할 언어 모델은 모두 트랜스포머를 기반으로 만든 언어 모델이다.

4.1. 사전 학습과 파인튜닝

4장을 제대로 이해하려면 먼저 알아야 할 개념이 사전 학습과 파인튜닝이다. 사전 학습pre-training의 사전은 미리라는 의미를 지닌 사전(事前)이다. 파인튜닝은 이미 만들어져 있는 것을 조금 변형하는 것이다. 자동차를 튜닝한다고 할 때의 그 튜닝과 같은 뜻이다.

사전 학습은 많은 데이터와 고성능의 GPU를 통해 오랫동안 학습된다. 그에 반해 파인튜닝은 사전 학습된 모델을 이용해서 개발자가 최종적으로 원하는 모델로 튜닝시키는 과정이다. 파인튜닝은 사전 학습을 하는 것에 비해 적은 데이터로 짧은 시간에 학습할 수 있다.

예를 들어 설명해 보자. A사에 다니는 홍길동 대리는 영화 감상평을 구분하는 모델을 개발하는 프로젝트를 수행하고 있고, B사에 다니는 둘리 사원은 뉴스 데이터에 대한 질의응답 프로젝트를 수행하고 있다고 하자. 홍길동 대리와 둘리 사원은 서로 다른 회사에서 일하고 있기 때문에 사용하는 데이터의 성격이 매우 다를 것이다. 홍길동 대리는 사용자들이 댓글에 남긴 영화 감상평을 다루게 될 것이고, 둘리 사원은 기자들이 작성한 뉴스 데이터를 다루게 될 것이다. 데이터뿐만 아니라 만드는 모델도 다르다. 홍길동 대리는 텍스트를 분류하는 텍스트 분류 모델을 만들어야 하고, 둘리 사원은 질의응답 기능을 가진 모델을 만들어야 한다.

홍길동 대리와 둘리 사원이 BERT를 이용해서 프로젝트를 수행한다면 둘은 서로 다른 회사에서 서로 다른 성격의 프로젝트를 진행하고 있지만 똑같은 사전 학습 모델을 사용할 수 있다. 두 사람이 사용하고 있는 데이터는 서로 다른 성격의 데이터이지만 모두 한국어 데이터이기 때문에 한국어를 사전 학습한 한국어 BERT 모델을 공통으로 사용할 수 있다. 그 다음에는 홍길동 대리는 자기 나름대로 BERT 모델에 텍스트 분류를 위한 레이어를 추가해서 영화 감상평 데이터를 사용해 프로젝트를 수행하면 된다. 마찬가지로 둘리 사원은 BERT 모델에 질의응답을 위한 레이어를 추가해서 뉴스 데이터로 프로젝트를 수행하면 된다.

BERT가 나오기 전이라면 홍길동 대리와 둘리 사원은 처음부터 끝까지 각자 모델링을 했어야 했을 뿐 아니라 더 많은 데이터를 필요로 했을 것이다. 충분히 일반화된 모델을 만들려면 충분히 많은 데이터가 있어야 하기 때문이다. BERT를 이용하면 이 두 가지 단점을 모두 해결할 수 있다. 한국어로 사전 학습된 BERT 모델을 사용하면 되기 때문에 모델링을 하는 데 필요한 개발 시간을 크게 단축시킬 수 있다.

BERT 구조 뒤에 각자 만들려고 하는 모델의 성격에 따라 레이어를 추가해 주면 끝이다. 이때 추가하는 레이어는 보통 매우 단순한 형태이다. 이렇게 각자의 목적에 맞게 모델을 조금 추가하는 것이 파인튜닝이다. 사전 학습 후 파인튜닝하는 구조를 취하게 되면 적은 데이터로도 충분히 학습을 진행할 수 있다. 보통 모델을 학습할 때 많은 데이터가 필요한 이유는 다양한 형태의 데이터를 학습하기 위함이다. 사전 학습된 모델은 이미 충분히 많은 데이터를 학습한 상태이다. 따라서 파인튜닝을 진행할 때는 학습 데이터의 개수가 적더라도 충분히 다양한 데이터의 패턴을 다룰 수 있는 모델로 학습될 수 있다.

BERT 이후에 나오는 트랜스포머 기반의 언어 모델은 거의 모두 사전 학습 후 파인튜닝하는 구조로 이뤄져 있다. 사전 학습을 통해서 모델은 언어 자체를 학습하게 된다. 이때 언어 자체를 학습하면서 일반화도 같이 학습되는 것이다. 그 다음에 레이어를 추가해서 최종적으로 만들고자 하는 모델을 만들면 훨씬 적은 데이터로 일반화된 성능의 모델을 학습할 수 있다. 이것이 이번 절의 핵심이다.

이번 절에서는 사전 학습과 파인튜닝이 왜 필요한지, 어떤 장점이 있는지 알아봤다. 다음 절부터는 BERT와 BERT 이후에 발표된 여러 언어 모델들에 대해서 알아볼 것이다.

4.2. BERT

BERT는 2018년 10월에 구글이 발표한 언어 모델이며 논문 제목은 "BERT: Pre-training of Deep Bidirectional Transformers for Language Understanding"이다. BERT는 레이블이 없는 데이터로부터 레이블을 스스로 생성해 사전 학습을 진행해서 만들어진 pre-trained 모델이다. 이 모델을 레이블이 있는 데이터셋으로 파인튜닝해서 11개의 자연어 처리 태스크에서 SOTA를 달성했다. 4장에서는 BERT의 모델 구조와 BERT의 입력 데이터에 대해서 먼저 살펴본 후 BERT에서의 사전 학습과 파인튜닝에 대해서 자세하게 이야기해 보려고 한다.

4.2.1. BERT의 모델 구조와 이해하기

이번 절에서는 BERT의 모델 구조와 BERT의 입력 데이터 형태에 대해서 알아보자. BERT 모델의 구조는 3장에서 설명했던 트랜스포머의 인코더 부분과 거의 유사하다.

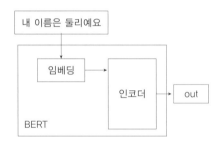

그림 4.1 BERT 모델 전체 구조(임베딩+인코더)

트랜스포머의 인코더 부분에 대한 구조는 3장에서 자세하게 설명했다. 핵심만 간단하게 설명하자면 그림 4.1의 임베딩 과정을 통해서 입력 데이터가 벡터로 표현되고 벡터로 표현된 입력 데이터를 인코더로 인코딩한다. 인코딩 과정은 인코딩 레이어를 여러 번 반복하는 구조를 띠고 있다. BERT는 트랜스포머의 인코더 부분에 해당하므로 BERT의 출력값은 입력 데이터를 인코딩한 벡터이다. BERT의 구조는 3장에서 자세하게 설명했으므로 자세한 설명은 생략하겠다. 다음 절에서는 BERT의 입력 데이터를 만드는 과정에 대해서 자세하게 알아보자.

4.2.2. BERT 모델의 입력 이해하기

BERT의 입력 데이터는 평문을 토큰화하는 것부터 시작한다. BERT는 워드피스 wordpiece 토크나이저를 사용한다. 워드피스 토크나이저는 센텐스피스 sentencepiece 토크나이저라고도 불린다. 워드피스 토크나이저는 한 문장을 토큰화할 때 우선 더 이상 쪼갤 수 없는 유닛 단위로 쪼갠 후 인접하는 유닛들끼리 합쳐가면서 토큰을 만드는 알고리듬이다. 워드피스 토크나이저를 사용하면 유사한 의미를 지닌 서브워드를 하나의 토큰으로 분리해서 사용할 수 있다.

> **블록 4.1**
> 문장 1: 수채화를 그리다 → "수채", "화", "를", "그리다"
> 문장 2: 유화를 그리다 → "유", "화", "를", "그리다"

예를 들어 블록 4.1을 보면 "수채화"와 "유화"에서 "화"는 그림을 뜻하는 단어이다. 워드피스 토크나이저를 사용하면 문장 1과 문장 2를 토큰화할 때 "화"라는 단어에 대해서 같은 토큰으로 표현할 수 있다. 추가적으로 "를"과 "그리다"의 관계 역시 조금 더 잘 학습할 수 있는 개연성이 높아진다.

$$\text{score}(s_t, h_i) = s_t^\top h_i$$

그림 4.2 BERT 입력 데이터

그림 4.2는 "There is my school and I love this place"라는 문장을 BERT의 입력으로 사용할 때 입력값의 구조를 설명하고 있다. 입력 문장을 토큰으로 나눴을 때 "There", "is"와 같이 토큰 단위로 쪼개지게 되는데 각 토큰은 번호를 갖고 있다.

이 번호의 나열을 그림 4.2에서는 토큰 번호라고 설명하고 있다. 어텐션 마스크는 어텐션을 적용하는 부분인지 아닌지 구분해 주는 역할을 한다. 어텐션 마스크의 값이 1일 경우에는 학습을 진행할 때 어텐션이 적용돼 학습되고, 어텐션 마스크의 값이 0일 경우에는 어텐션이 적용되지 않는다. 포지션 정보는 단어의 순서를 나열하는 정보이다. 0부터 순서대로 채워주면 된다.

토큰 타입의 경우 모두 0으로 채워져 있다. 토큰 타입은 사전 학습을 진행할 때 쓰이는 정보이다. BERT를 사전 학습할 때는 두 개의 문장을 사용하게 된다. 첫 번째 문장임을 나타내는 표시로 0을 채워 넣은 것이다. 두 번째 문장임을 나타낼 경우에는 1로 채워진다. 이 부분에 대한 이해는 4.2.5절에서 Next Sentence Prediction을 공부하면서 더 자세하게 알아보려고 한다.

그림 4.2를 파이선 코드로 작성할 경우 코드 4.1과 같이 할 수 있다.

코드 4.1 BERT 입력을 위한 토크나이징 결과

```
>>> from transformers import BertTokenizer
>>> tokenizer = BertTokenizer.from_pretrained('bert-base-uncased')
>>> inp = tokenizer("There is my school and I love this place", return_
tensors="pt")
>>> inp
{'input_ids': tensor([[ 101, 2045, 2003, 2026, 2082, 1998, 1045, 2293, 2023,
2173,  102]]), 'token_type_ids': tensor([[0, 0, 0, 0, 0, 0, 0, 0, 0, 0, 0]]),
'attention_mask': tensor([[1, 1, 1, 1, 1, 1, 1, 1, 1, 1, 1]])}
>>> itov = {v:k for k, v in tokenizer.vocab.items()}
>>> list(map(lambda x: itov[x], inp['input_ids'].numpy()[0]))
['[CLS]', 'there', 'is', 'my', 'school', 'and', 'i', 'love', 'this', 'place',
'[SEP]']
```

그림 4.1을 다시 보면 BERT의 구조는 크게 임베딩과 인코더로 나뉘어 있다. BERT의 입력값을 처음으로 받는 곳은 임베딩 레이어이다. 임베딩 레이어에서 어떻게 입력값을 처리하는지 그림 4.3을 통해 알아보자.

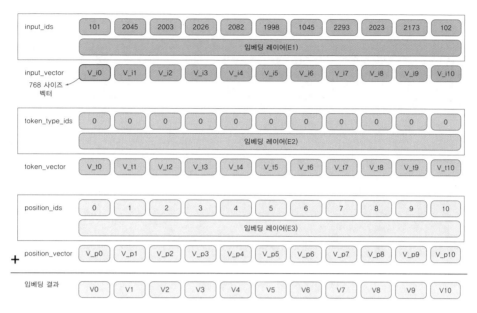

그림 4.3 BERT 입력에 대한 전체 구조

그림 4.3을 보자. 그림 4.3에서 사용되는 입력값은 그림 4.2의 토큰 번호, 토큰 타입, 포지션을 사용하고 있다. 그림 4.3에서 토큰 번호는 임베딩 레이어에 의해서 벡터로 바뀌게 된다. 기본 BERT를 기준으로 임베딩 레이어 E1은 토큰을 768 사이즈의 벡터로 변환한다. 따라서 input_vector는 11개의 서로 다른 768 사이즈 벡터가 된다. 토큰 타입도 마찬가지로 임베딩 레이어 E2에 의해서 768 사이즈의 벡터로 변환된다. 포지션 역시 임베딩 레이어 E3에 의해서 벡터로 변환된다. 그림 4.3의 input_vector, token_vector, position_vector를 모두 합친 것이 BERT의 입력 데이터가 된다.

4.2.3. 사전 학습 이해하기

4.1절에서 사전 학습에 대해서 설명했다. 다시 한 번 간략하게 설명하면 사전 학습은 언어를 학습하는 과정이다. 문장을 분류하거나 문장을 번역하는 모델을 처음부터 학습from-scratch하는 것보다 언어를 미리 학습해 둔 모델(사전 학습된 모델)로 학습하면 더 적은 데이터로 더 짧은 시간에 학습할 수 있기 때문에 사전 학습을 하는 것이다.

BERT는 사전 학습된 언어 모델이다. BERT의 구조는 3장에서 소개한 트랜스포머의 인코더 구조를 띠고 있는데 이 구조에 데이터를 넣어서 미리 학습시킨 것이 사전 학습된 BERT이다. 이 사전 학습된 BERT는 이미 구글이나 HuggingFace, SKT 등의 대기업 또는 오픈소스 프로젝트에서 많은 컴퓨팅 리소스를 이용해서 이미 학습해 뒀고 학습된 모델을 다운로드받아서 활용할 수 있다.

BERT가 이전의 모델에 비해 높은 성능을 보일 수 있었던 이유는 BERT의 사전 학습이다. 그러면 어떻게 BERT를 사전 학습했을까? 직접 학습을 하려면 많은 컴퓨팅 지원을 필요로 한다. 직접 해보기는 힘들어도 원리를 이해해 볼 수는 있다. BERT의 사전 학습은 언어에 대한 사전 학습이다. 따라서 언어를 학습할 때 어떤 식으로 학습하는지를 먼저 생각해 보자.

Masked Language Model^{MLM}과 Next Sentence Prediction^{NSP}을 통해 학습한다. BERT 는 MLM과 NSP의 Loss를 낮추는 방식으로 학습된다. 그러면 다음 절에서 MLM과 NSP가 각각 어떤 학습을 하는지 자세하게 알아보자.

4.2.4. Masked Language Model(MLM)

MLM은 쉽게 말해서 빈 칸 채우기이다. 토큰화돼 들어오는 BERT의 입력을 임의로 마스킹하고 마스킹된 값들을 맞추는 멀티 레이블 분류 문제이다. 즉 입력 토큰의 일부를 임의로 몇 개 선택해서 레이블을 스스로 만든 후에 그 레이블을 다시 맞추는 분류 문제이다. 실제로 사람이 언어를 학습할 때 문제집에서 빈 칸 채우기 문제를 풀면서 학습하는 방법을 컴퓨터에게 적용한 것이라고 생각하면 된다. 블록 4.2를 보자.

블록 4.2: MLM 학습 데이터 예시
입력 토큰: ['[CLS]', 'there', 'is', 'my', 'school', 'and', 'i', 'love', 'this', 'place', '[SEP]']
마스킹된 토큰: ['[CLS]', 'there', 'is', '[MASK]', 'school', 'and', 'i', '[MASK]', 'this', '[MASK]', '[SEP]']
레이블: [-100, -100, -100, 2026, -100, -100, -100, 2293, -100, 2173, -100]

---

my, love, place가 임의로 선택됐으니 이 토큰들을 마스킹한 후 다시 원래의 토큰인 2026, 2293, 2173으로 맞추는 분류 문제인 것이다. MLM 학습은 이렇게 스스로 레이블을 만들어서 학습하게 되므로 Self-supervised Learning이라고 한다. MLM을 조금 더 자세하게 알 수 있도록 BERT 논문에서 MLM을 설명하는 부분을 살펴보자.

| 인용 1 |

논문 BERT: Pre-training of Deep Bidirectional Transformers for Language Understanding 인용

The training data generator chooses 15% of the token positions at random for prediction. If the i-th token is chosen, we replace the i-th token with (1) the [MASK] token 80% of the time (2) a random token 10% of the time (3) the unchanged i-th token 10% of the time.

학습 데이터셋 제너레이터는 15% 정도의 토큰 위치를 랜덤으로 선택한다. 만일 i번째 토큰이 선택됐을 경우, i번째 토큰을 (1) 80%의 확률로 [MASK]로 바꾸고 (2) 10%의 확률로 랜덤 토큰으로 바꾸고 (3) 10%의 확률로 바꾸지 않고 그대로 내버려 둔다.

인용 1을 보면 입력 토큰의 15%에 해당하는 토큰을 임의로 정한 후 선택된 15% 중 80%는 [MASK] 토큰으로 바꾸고, 10%는 랜덤 토큰으로 바꾸고, 나머지 10%는 바꾸지 않는다고 한다. 원래의 정답이 분명하게 있는데 왜 굳이 일부는 바꾸고 일부는 바꾸지 않는 등의 복잡한 과정을 거치는 것일까? 다시 한 번 말하자면 MLM은 빈 칸 채우기 문제이다. 빈 칸 채우기 문제인데 [MASK] 토큰에 대해서만 정답을 맞춘다. 최초에 선택된 15%에 대해서만 예측을 하고, 나머지 85%는 무시된다. 만일 인용 1과 같은 마스킹 전략을 거치지 않는다면 모델은 [MASK]된 것에 대해서만 빈 칸을 맞출 줄 아는 모델로 학습돼 버리고 만다.

[MASK]는 파인튜닝 과정에서는 절대 나오지 않는 토큰이다. 따라서 MLM은 빈 칸 채우기를 통해 문맥을 학습하는 것이다. 따라서 [MASK]라고 선택된 토큰들 중에서 10%는 랜덤한 단어로 치환하고, 또 다른 10%는 원래의 입력 토큰을 그대로 가져가는 전략을 사용하는 것이다. 이렇게 하면 [MASK]로 돼 있지 않은 부분에 대해서도 MLM은 예측을 수행할 수 있게 돼서 언어의 문맥을 학습할 수 있게 된다.

MLM에 대한 예시를 블록 4.3을 통해서 확인해 보자.

블록 4.3: MLM 학습 과정에서의 마스킹 전략

input_ids: [101, 2045, 2003, 2026, 2082, 1998, 1045, 2293, 2023, 2173, 102]

input_token: ['[CLS]', 'there', 'is', 'my', 'school', 'and', 'i', 'love', 'this', 'place', '[SEP]']

마스킹된 token: ['[CLS]', 'there', 'is', '[MASK]', 'school', 'and', 'i', '[MASK]', 'this', '[MASK]', '[SEP]']

마스킹 전략 후의 token: ['[CLS]', 'there', 'is', '[MASK]', 'school', 'and', 'i', 'go', 'this', 'place', '[SEP]']

마스킹 전략 후의 input_ids: [101, 2045, 2003, 103, 2082, 1998, 1045, 2175, 2023, 2173, 102]

※ [MASK]: 103

※ go: 2175

※ place: 2173

label: [-100, -100, -100, 2026, -100, -100, -100, 2293, -100, 2173, -100]

※ my: 2026

※ love: 2293

※ place: 2173

위의 예시에서 "input_token"에서 임의로 my, love, place 세 토큰을 골랐다고 하자. 그리고 my는 [MASK], love는 go, place는 place로 그대로 둬서 마스킹 전략을 적용시키자. 원래대로라면 인용 1에서 소개한 마스킹 전략과 같이 80%/10%/10%의 비율을 유지해야 하지만 여기에서는 편의상 비율은 무시하도록 한다. 블록 4.3의 "마스킹 전략 후의 token"을 보라. MLM을 수행해야 하는 토큰은 총 3개이다. 4번째 자리에 있는 [MASK]를 my로 예측하고, 8번째 자리에 있는 go를 love로 예측하고, 10번째 자리에 있는 place는 그대로 place로 예측하면 된다. 예측할 때 처음에 [MASK]로 선택되지 않았던 85%에 해당하는 부분에 대해서는 예측을 수행하지 않는다.

복잡하게 느껴질 수 있어서 MLM 과정을 순서대로 블록 4.4에 정리해 봤다.

블록 4.4: MLM 학습 과정 요약

STEP1: 사전 학습된 토크나이저를 이용해서 문장을 토큰화해 숫자로 바꾼다.

STEP2: STEP1에서 숫자로 바뀐 토큰들 중 15%를 랜덤으로 선택한다.

STEP3: label을 만들어 둔다. label을 만들 때 STEP2에서 선택되지 않은 85%는 -100으로 두고, 선택된 15%는 그대로 둔다.

STEP4: STEP2에서 선택된 15% 중 80%는 [MASK] 토큰인 103으로 변경하고, 10%는 임의의 다른 숫자로 변경하고, 나머지 10%는 그대로 둔다.

STEP3에서 만든 것이 MLM의 label이고, STEP4에서 만든 것이 MLM의 입력값이다.

STEP5: STEP3과 STEP4에서 만든 값을 이용해서 MLM Loss를 구한다. Loss를 구할 때 label에서 -100으로 돼 있는 부분에 대해서는 Loss를 계산하지 않도록 무시해 준다.

4.2.5. Next Sentence Prediction(NSP)

MLM이 빈 칸 채우기를 학습하는 것이라면, NSP는 다음 문장 맞추기를 학습하는 과정이다. 두 문장이 주어졌을 때 그 두 문장이 앞뒤 문장 관계인지(is_next=1), 그렇지 않으면 그냥 랜덤한 문장인지(is_next=0)를 학습한다. NSP는 두 문장이 is_next인지 아닌지를 판단하는 문제이기 때문에 입력 데이터 자체가 두 문장으로 이뤄져 있다. 이 두 문장을 sentence_a와 sentence_b라고 하자. sentence_a와 sentence_b의 앞뒤에는 예약어 토큰을 추가해 줘야 한다. 예약어는 블록 4.5와 같이 추가해 준다.

블록 4.5: NSP 학습을 위한 문장 연결

[CLS] sentence_a [SEP] sentence_b [SEP]

블록 4.5에서 sentence_a의 앞뒤에는 [CLS]와 [SEP]이 추가됐다. sentence_a가 처음 시작이니 그 앞에 [CLS]를 붙여주는 것이고, sentence_a가 끝난 시점에 또다시

[SEP]을 붙여준 것이다. 그리고 sentence_b를 추가해 주고, 끝나는 지점에 한 번 더 [SEP]을 추가해서 입력 데이터를 만드는 것이다. 이렇게 만들어진 입력 데이터에 대해서 sentence_a와 sentence_b의 관계에 따라 is_next=0 또는 is_next=1이 될 수 있다. is_next는 NSP 학습에 쓰이는 레이블 값이다.

여기에서 다시 4.2.2절의 그림 4.2에서 설명한 토큰 타입에 대해서 설명해 보자. 블록 4.5를 보면 [CLS], sentence_a, [SEP] 부분이 첫 번째 문장에 해당하고, sentence_b, [SEP] 부분이 두 번째 문장에 해당한다. 토큰 타입 값을 통해서 첫 번째 문장과 두 번째 문장을 구별해 주면 된다. 따라서 첫 번째 문장의 토큰 타입은 0으로 하고, 두 번째 문장의 토큰 타입은 1로 한다. 토큰 타입은 BERT의 사전 학습 단계인 NSP를 위해 필요하다. 파인튜닝을 할 때는 0으로 채워 넣어도 무방하다.

블록 4.6: NSP 학습 데이터 예시

```
# is_next=0
sentence_a: I love this candy
sentence_b: I read a good news
input: ['[CLS]', 'i', 'love', 'this', 'candy', '[SEP]', 'i', 'read', 'a', 'good', 'news', '[SEP]']
label: 0

# is_next=1
sentence_a: I love this candy
sentence_b: Because it is so sweet
input: ['[CLS]', 'i', 'love', 'this', 'candy', '[SEP]', 'because', 'it', 'is', 'so', 'sweet', '[SEP]']
label: 1
```

블록 4.6은 NSP 학습 데이터의 예시이다.

4.2.6. 사전 학습을 위한 데이터셋 준비와 Self-supervised Learning

아마 MLM과 NSP를 공부하면서 "도대체 그럼 데이터셋은 어떻게 구했지?"라는 생각이 많이 들었을 것이다. BERT 논문을 보면 사전 학습에 사용되는 데이터를 어떻게 준비했는지에 대한 내용이 나와 있다. BookCorpus(8억 단어)와 English Wikipedia(25억 단어) 데이터셋을 사용했다고 한다. 중요한 점은 문장 수준의 데이터셋보다는 문서 수준의 데이터셋이 필요하다는 것이다.

│인용 2│

논문 BERT: Pre-training of Deep Bidirectional Transformers for Language Understanding 인용

It is critical to use a document-level corpus rather than a shuffled sentence-level corpus such as the Billion Word Benchmark (Chelba et al., 2013) in order to extract long contiguous sequences.

길고 연속적인 시퀀스를 얻기 위해서 랜덤으로 섞인 문장 단위의 코퍼스를 이용하는 것 보다 도큐먼트 단위의 코퍼스를 사용하는 것이 매우 중요하다.

인용 2는 BERT 논문의 일부이다. 길게 이어져 있는 시퀀스를 얻으려면 문서 수준의 데이터셋이 필요하다고 한다. 이전 절에서 설명했던 NSP를 봐도 두 문장이 연속적인 문장인지 아닌지를 판단하는 문제를 풀기 때문에 이런 데이터셋을 확보하려면 문장과 문장이 서로 독립된 문장 단위의 데이터셋보다는 문장 간의 논리적인 인과관계를 갖고 있는 문서 수준의 데이터셋이 더욱 효과적이다.

문서 수준의 데이터셋을 확보하면 MLM과 NSP에 사용되는 데이터셋을 만들어서 사용할 수 있다. 데이터셋을 토큰화해서 랜덤으로 일부를 마스킹한 후 마스킹 전략을 취하면 MLM에 사용되는 데이터셋이 만들어지고, 문서 수준의 데이터셋을 문장 단위로 쪼갠 후 순서를 고려해서 문장 쌍을 만들면 NSP에 사용되는 데이터셋을 만들 수 있다. 이렇게 하면 레이블링이 없는 데이터를 이용해서 스스로 레이블링을 만들어서 학습할 수 있는 형태가 된다. 스스로 레이블링을 만들어서 학습한다고 해 이것을 Self-supervised Learning이라고 한다.

Self-supervised Learning의 장점은 사람이 일일이 데이터를 레이블링하지 않아도 된다는 것이다. 데이터만 있으면 레이블링을 생성할 수 있기 때문이다. MLM의 경우에도 주어진 문장을 토큰화해서 랜덤으로 15% 추출하고 추출한 것에서 각각 80%/10%/10%씩 마스킹 전략을 취해주는 과정은 충분히 코딩으로 구현할 수 있는 내용이다. MLM을 코딩으로 구현하면서 주어진 입력 데이터에 대해서 레이블링도 코딩으로 만들어 낼 수 있다. NSP 역시 마찬가지이다. 가령 10문장이 있을 때 랜덤으로 두 쌍을 골랐는데 1번 문장과 2번 문장이 선택됐다면 is_next=1로 코딩을 한다. 이렇게 코딩하면 스스로 레이블링을 만들어 내는 셈이 된다.

4.2.7. 사전 학습 파헤치기

앞 절에서 BERT가 사전 학습으로 MLM과 NSP를 학습한다는 것을 공부했고, 각각은 Self-supervised Learning이기 때문에 데이터의 레이블을 스스로 구할 수 있다는 것까지 알았다. 이번 절에서는 실제로 사전 학습을 할 때 입력되는 데이터를 살펴보고, 그 데이터가 어떻게 레이블링되는지 알아보려고 한다.

사전 학습에는 HuggingFace에서 공개한 BERT 구현체를 사용하려고 한다. HuggingFace는 2016년에 설립된 스타트업으로 언어 모델을 빌드하고 학습하고 실행시킬 수 있는 오픈소스를 제공한다. 이 오픈소스의 이름이 Transformer이다. Transformer를 이용하면 BERT나 BERT 이외의 NLP 모델들을 사전 학습부터 파인튜닝까지 간단하게 학습할 수 있다. 사전 학습의 실행을 위해서는 블록 4.7과 같이 스크립트를 구동시키면 된다.

블록 4.7과 같이 run_language_modeling.py를 구동시키면 BERT 사전 학습을 실행 시킬 수 있다. 위의 학습에서 사용하는 train.txt는 셰익스피어의 소설인데 예시를 위한 목적으로 사용됐다. 실제로 BERT를 학습시키는 데 매우 큰 데이터셋이 필요하다. 위와 같이 스크립트를 구동해서 학습 데이터의 형태를 보면 표 4.1과 같이 요약할 수 있다.

index	마스킹 여부	Original tokens	original	Input tokens	inputs	labels	마스킹할 토큰(전체 의 15%)	실제로 마스킹 (80%)	다른 토큰 으로 치환 (10%)	원래 토큰 유지 (10%)
2	1	eyes	2159	[MASK]	103	2159	O	O	X	X
4	1	wonder	4687	[MASK]	103	4687	O	O	X	X
11	1	.	1012	.	1012	1012	O	X	X	O
12	1	not	2025	[MASK]	103	2025	O	O	X	X
13	1	mine	3067	1843	10075	3067	O	X	O	X
22	1	,	1010	[MASK]	103	1010	O	O	X	X

표 4.1 BERT 학습 데이터의 형태

표 4.1은 BERT의 전처리 과정을 설명하기 위한 샘플 토큰 중에서 MLM을 위해 랜덤으로 샘플링된 토큰들만 따로 뽑아서 리스트한 표이다. 표 4.1을 보면 "eyes", "wonder", ".", "not", "mine", "," 토큰들이 랜덤으로 선택된 것을 볼 수 있다. 이렇

게 선택된 것 외의 토큰들은 모두 −100 치환해서 labels를 만들었다. 그리고 선택된 토큰들 중 "eyes", "wonder", "not", "," 토큰들은 [MASK]로 치환됐다. "mine" 토큰의 경우 "1843" 토큰으로 랜덤하게 치환됐고, "." 토큰은 치환하지 않고 그대로 됐다. BERT의 사전 학습은 표 4.1의 inputs로부터 labels를 맞추는 학습을 진행하는데 labels의 값이 −100인 부분에 대해서는 학습을 하지 않는다.

run_language_modeling.py에서는 MLM만 학습하고, NSP의 학습은 수행하지 않았다. 이는 MLM에 비해서 NSP의 학습 효과가 떨어지기 때문이다.

4.2.8. 사전 학습 정리하기

앞에서 여러 가지 예제를 통해서 BERT의 사전 학습에 대해서 공부했다. 정리 차원에서 이번 절에서는 BERT의 사전 학습을 핵심만 요약해 보려고 한다. 블록 4.8을 보자.

블록 4.8: BERT 사전 학습 요약

1. BERT의 사전 학습은 MLM과 NSP를 통해서 수행한다.

2. MLM은 "빈 칸 채우기", NSP는 "다음 문장인지 맞추기"이다.

3. MLM과 NSP를 위한 데이터셋은 텍스트 데이터만 있으면 Self-supervised Learning을 통해 스스로 준비된다. 다음 A~C 과정을 거쳐 BERT의 사전 학습에 사용할 데이터를 준비한다.

   - A. MLM의 경우 하나의 입력 데이터에서 임의로 선택된 15%의 토큰에 대해서만 학습을 수행한다.

   - B. A에서 선택된 토큰들 중 80%는 [MASK]로 치환, 10%는 임의의 토큰으로 치환, 나머지 10%는 치환을 하지 않는다.

   - C. NSP의 경우 문서 수준의 데이터에서 두 문장의 앞뒤 관계를 고려해 바로 다음 문장일 경우 1로 레이블링하고, 서로 무관한 순서일 경우 0으로 레이블링한다.

4. 준비된 사전 학습 데이터를 이용해서 MLM Loss와 NSP Loss를 구한다.

5. MLM Loss와 NSP Loss의 합계를 줄여나가는 방향으로 계속 학습한다.

BERT의 사전 학습 과정을 이해하는 것은 매우 중요하다. 단순히 BERT를 이해하는 것뿐만 아니라 BERT 이후의 다른 모델들의 사전 학습도 비슷한 과정이기 때문이다.

4.2.9. 파인튜닝 이해하기

앞 절에서 BERT를 어떻게 사전 학습하는지 알아봤다. 이번 절에서는 파인튜닝하는 것에 대해서 알아보려고 한다. 앞에서 소개했듯이 파인튜닝은 사전 학습된 모델 구조에 특정 목적을 위한 레이어를 추가하는 것이다. 예를 들어 BERT를 이용해서 텍스트 분류 모델을 만들 수도 있고, 질의응답 모델을 만들 수도 있다. 즉 텍스트 분류 모델을 만들고 싶으면 BERT 모델 구조 이후에 텍스트 분류 모델을 위한 레이어를 추가하면 된다.

4.1절을 다시 한 번 읽어보면 홍길동 대리와 둘리 사원 모두 사전 학습된 BERT를 사용하고 있다. 사전 학습된 BERT에 홍길동 대리는 텍스트 분류 모델을 추가한 것이고, 둘리 사원은 질의응답 레이어를 추가한 것이다. 이것이 파인튜닝이다.

이번 절에서는 BERT를 파인튜닝해서 텍스트 분류 모델과 질의응답 모델을 만들어 보자. 모델을 만들 때 공통적으로 구현해야 하는 데이터셋/데이터로더를 구현하는 부분에 대한 설명은 생략하고, 학습에 사용되는 데이터셋과 모델 구조 그리고 추론 예시를 중점적으로 설명하려고 한다.

4.2.10. 텍스트 분류 모델로 파인튜닝하기

BERT를 이용해서 텍스트 분류 모델을 만들어 보자. 오픈 데이터셋 중에서 텍스트 분류를 위한 오픈 데이터셋이 많다. 그중에서 이번 절에서는 CoLA[Corpus of Linguistic Acceptability] 데이터셋을 사용해 보려고 한다. CoLA 데이터셋은 영어 문장 데이터셋인데, 각 문장이 언어학적으로 받아들여지는지(Acceptable=1), 그렇지 않은지(Unacceptable=0)를 구분해 둔 데이터셋이다.

label	sentence
0	In which way is Sandy very anxious to see if the students will be able to solve the homework problem?
1	The book was written by John.
0	Books were sent to each other by the students.
1	She voted for herself.
1	I saw that gas can explode.

표 4.2 CoLA 데이터셋 예시

이 책의 리포지토리에서 "chapter4/cola_classification/classifier.ipynb" 주피터 노트북에 텍스트 분류를 위한 모델을 구현했다. 텍스트 분류를 위한 데이터는 코드 4.2와 같이 다운로드하면 된다.

코드 4.2 CoLA 데이터셋 다운로드하기

```
$ cd chapter4/cola_classification
# 데이터셋 백업
$ wget https://nyu-mll.github.io/CoLA/cola_public_1.1.zip
$ unzip cola_public_1.1.zip
$ mv cola_public ../../data/cola_classification
```

데이터를 로딩하거나 학습을 위해 배치 단위로 생성하는 부분에 대한 설명은 생략하고, 모델의 구조 부분을 살펴보자. 모델의 구조는 BertForSequenceClassification클래스를 사용했는데 이 클래스는 transformers 라이브러리에 있는 클래스이며, BERT를 이용해서 텍스트를 분류할 때 사용한다. BertForSequenceClassification의 일부를 살펴보면 코드 4.3과 같다. 코드 4.3 은 transformers 깃허브 리포지토리의 modeling_bert.py이다.

코드 4.3 BERT를 이용한 문장 분류 모델 정의하기

```
class BertForSequenceClassification(BertPreTrainedModel):
    def __init__(self, config):
        super().__init__(config)
        self.num_labels = config.num_labels
```

```python
        self.config = config

        self.bert = BertModel(config)      # BERT 모델을 정의
        self.dropout = nn.Dropout(config.hidden_dropout_prob)
        self.classifier = nn.Linear(config.hidden_size, config.num_labels)
        # 파인튜닝 레이어를 정의

        self.init_weights()

    def forward(
        self,
        input_ids=None,
        attention_mask=None,
        token_type_ids=None,
        position_ids=None,
        head_mask=None,
        inputs_embeds=None,
        labels=None,
        output_attentions=None,
        output_hidden_states=None,
        return_dict=None,
    ):
        r"""
        labels (:obj:`torch.LongTensor` of shape :obj:`(batch_size,)`,
`optional`):
            Labels for computing the sequence classification/regression loss.
Indices should be in :obj:`[0, ...,
            config.num_labels - 1]`. If :obj:`config.num_labels == 1` a
regression loss is computed (Mean-Square loss),
            If :obj:`config.num_labels > 1` a classification loss is computed
(Cross-Entropy).
        """
        return_dict = return_dict if return_dict is not None else self.config.
use_return_dict

        outputs = self.bert(
            input_ids,
            attention_mask=attention_mask,
            token_type_ids=token_type_ids,
            position_ids=position_ids,
            head_mask=head_mask,
```

```
            inputs_embeds=inputs_embeds,
            output_attentions=output_attentions,
            output_hidden_states=output_hidden_states,
            return_dict=return_dict,
        )

        pooled_output = outputs[1]

        pooled_output = self.dropout(pooled_output)
        logits = self.classifier(pooled_output)
    ...
```

코드 4.3을 보면 클래스 정의 부분에서 BERT 모델과 파인튜닝 레이어를 정의하는 부분을 찾아볼 수 있다. 그리고 **forward** 함수에서 BERT의 출력을 이용해서 분류 모델에 사용될 출력을 만드는 과정을 확인할 수 있다. 입력 데이터를 self.bert에 넣어서 그 결과를 outputs에 저장하는 부분이 BERT를 사용하는 부분이다. outputs는 길이가 2인 튜플로 돼 있다.

outputs[0]은 입력 데이터를 토큰별로 인코딩한 값이다. 따라서 입력 데이터의 shape가 (1, 7)일 경우 outputs[0]의 shape는 (1, 7, 768)이다. 각 토큰을 768 사이즈의 벡터로 인코딩한 것이다. outputs[1]은 outputs[0]을 Pooling한 결과이다. Pooling은 큰 차원의 벡터를 작은 차원의 벡터로 요약하는 것으로 이해하면 된다. 즉 outputs[0]은 입력 데이터를 토큰별로 인코딩한 값이고, outputs[1]은 outputs[0]을 768 사이즈의 벡터로 요약한 것이라고 할 수 있다. 코드 4.3에서 outputs[1]을 pooled_output에 저장하고 정규화를 위해 드롭아웃 레이어를 거친 후 파인튜닝 레이어인 self.classifier에 입력으로 넣는 것을 확인할 수 있다. outputs[0]을 Pooling하는 코드는 코드 4.4를 참고하라.

코드 4.4 BERT의 출력을 풀링하기 위한 클래스 정의하기

```
class BertPooler(nn.Module):
    def __init__(self, config):
        super().__init__()
```

```
        self.dense = nn.Linear(config.hidden_size, config.hidden_size)
        self.activation = nn.Tanh()

    def forward(self, hidden_states):
        # We "pool" the model by simply taking the hidden state corresponding
        # to the first token.
        first_token_tensor = hidden_states[:, 0]
        pooled_output = self.dense(first_token_tensor)
        pooled_output = self.activation(pooled_output)
        return pooled_output
```

BertForSequenceClassification 모델을 이용해서 CoLA 데이터셋을 학습시킨 부분이 코드 4.5이다. 전체 코드는 "chapter4/cola_classification/classifier.ipynb"에서 살펴보자.

코드 4.5 BERT를 이용한 문장 분류 모델 학습하기

```
model = BertForSequenceClassification.from_pretrained("bert-base-uncased", num_
labels = 2).cuda()
model.train()
for i in range(n_epoch):
    train(model, train_dataloader, optimizer)


Average Loss = 0.4864): 100%|██████████| 268/268 [00:29<00:00,  9.08it/
s]
Average Loss = 0.2898): 100%|██████████| 268/268 [00:29<00:00,  9.09it/
s]
Average Loss = 0.1645): 100%|██████████| 268/268 [00:29<00:00,  8.96it/s]
Average Loss = 0.1110): 100%|██████████| 268/268 [00:30<00:00,  8.92it/
s]
Average Loss = 0.0855): 100%|██████████| 268/268 [00:30<00:00,  8.73it/
s]
Average Loss = 0.0650): 100%|██████████| 268/268 [00:30<00:00,  8.86it/
s]
Average Loss = 0.0481): 100%|██████████| 268/268 [00:29<00:00,  8.97it/
s]
Average Loss = 0.0405): 100%|██████████| 268/268 [00:29<00:00,  8.98it/
s]
```

```
Average Loss = 0.0348): 100%|██████████| 268/268 [00:30<00:00,  8.93it/
s]
Average Loss = 0.0275): 100%|██████████| 268/268 [00:30<00:00,  8.82it/
s]
Average Loss = 0.0335): 100%|██████████| 268/268 [00:30<00:00,  8.89it/
s]
Average Loss = 0.0314): 100%|██████████| 268/268 [00:30<00:00,  8.81it/
s]
Average Loss = 0.0245): 100%|██████████| 268/268 [00:30<00:00,  8.76it/
s]
Average Loss = 0.0253): 100%|██████████| 268/268 [00:30<00:00,  8.80it/
s]
Average Loss = 0.0194): 100%|██████████| 268/268 [00:30<00:00,  8.76it/
s]
Average Loss = 0.0266): 100%|██████████| 268/268 [00:30<00:00,  8.72it/
s]
Average Loss = 0.0220): 100%|██████████| 268/268 [00:30<00:00,  8.72it/
s]
Average Loss = 0.0187): 100%|██████████| 268/268 [00:32<00:00,  8.16it/
s]
Average Loss = 0.0135): 100%|██████████| 268/268 [00:30<00:00,  8.75it/
s]
Average Loss = 0.0230): 100%|██████████| 268/268 [00:30<00:00,  8.92it/
s]
```

이 주피터 파일에서 학습 모델을 실행시키는 데 필요한 자세한 과정은 생략하려고 한다. 설명이 필요한 부분에 대해서는 주피터 파일에 주석을 남겨놨다.

주피터 파일을 통해 학습이 끝나면 cola_model.bin이 생성된다. 이 모델을 로딩해서 추론을 하면 코드 4.6과 같은 결과를 얻을 수 있다.

코드 4.6 BERT를 이용한 문장 분류 모델 성능 검증하기

```
>>> labels, preds = inference(model, test_dataloader)
>>> confusion_matrix(labels, preds)
array([[ 97,  65],
       [ 26, 328]])
```

코드 4.6은 추론 결과를 Confusion matrix로 표현한 결과이다. 하지만 위의 결과만 갖고는 CoLA 데이터셋에 대해서 얼마나 잘 만들어진 모델인지 알기 어렵다. 벤치마킹을 위해 GLUE 리더보드를 확인해 보자. GLUE는 여러 가지 종류의 자연어 처리 태스크를 모아놓은 데이터셋의 집합이다. GLUE에는 CoLA를 비롯한 다양한 데이터셋이 포함돼 있다. 리더보드는 성능을 높은 순서대로 나열한 전광판이다. 따라서 GLUE 데이터셋의 리더보드를 보면 CoLA 데이터셋에 대해서 지금까지 최고의 성능을 낸 모델이 무엇인지 그리고 점수는 몇 점인지 알 수 있다.

Rank	Name	Model	URL	Score	CoLA	SST-2	MRPC	STS-B	QQP	MNLI-m	MNLI-mm	QNLI	RTE	WNLI	
1	ERNIE Team - Baidu	ERNIE	↗	90.9	74.4	97.8	93.9/91.8	93.0/92.6	75.2/90.9	91.9		91.4	97.3	92.0	96.9	51
2	DeBERTa Team - Microsoft	DeBERTa / TuringNLRv4	↗	90.8	71.5	97.5	94.0/92.0	92.9/92.6	76.2/90.8	91.9		91.6	99.2	93.2	94.5	53
3	HFL IFLYTEK	MacALBERT + DKM		90.7	74.8	97.0	94.5/92.6	92.8/92.6	74.7/90.6	91.3		91.1	97.8	92.0	94.5	52
4	Alibaba DAMO NLP	StructBERT + TAPT	↗	90.6	75.3	97.3	93.9/91.9	93.2/92.7	74.8/91.0	90.9		90.7	97.4	91.2	94.5	45
5	PING-AN Omni-Sinitic	ALBERT + DAAF + NAS		90.6	73.5	97.2	94.0/92.0	93.0/92.4	76.1/91.0	91.6		91.3	97.5	91.7	94.5	51
6	T5 Team - Google	T5	↗	90.3	71.6	97.5	92.8/90.4	93.1/92.8	75.1/90.6	92.2		91.9	96.9	92.8	94.5	53

그림 4.4 CoLA 리더보드

GLUE 데이터셋에 대한 평가 방법에는 Matthews Correlation을 사용한다. Matthews Correlation은 1과 −1 사이의 값을 가지며, 1에 가까울수록 두 값의 유사도가 높다. 코드 4.7에서 labels와 preds의 유사도를 Matthews Correlation을 이용해서 구하고 있다. Matthews Correlation은 **sklearn** 패키지에 구현돼 있다.

코드 4.7 Matthews Correlation을 이용한 BERT 문장 분류 모델 성능 검증하기

```
>>> from sklearn.metrics import matthews_corrcoef
>>> matthews_corrcoef(labels, preds)
0.5721810924354415
```

코드 4.7을 보면 BERT를 이용해서 만든 모델의 추론 성능은 0.5721 정도로 나온다. 이 값을 그림 4.4에서의 벤치마크 결과와 비교하면 약 30위 정도이다. BertForSequenceClassification 모델에서는 BERT를 로딩한 것 외에는 특별히 최적화를 하지 않았다는 점과 BERT를 능가하는 모델이 BERT 이후에 많이 발표됐다는 점

을 고려하면 시간 대비 높은 성능의 모델을 만들었다고 생각할 수 있다.

만약 사전 학습된 BERT를 사용하지 않고 처음부터 학습하면 어떨까? 사전 학습을 하지 않은 BERT로 학습을 할 경우 코드 4.8과 같이 Loss가 느리게 떨어지는 것을 확인할 수 있다. 사전 학습된 BERT를 사용하지 않고 학습한 모델은 cola_model_no_pretrained.bin으로 저장했다. 모델 로딩할 때 파일명을 변경해서 로딩 후 테스트하면 된다. 코드 4.8은 사전 학습된 BERT를 사용하지 않고 학습한 결과이다.

코드 4.8 사전 학습된 BERT를 사용하지 않고 문장 분류 모델 학습하기

```
config = BertConfig.from_pretrained('bert-base-uncased')
model = BertForSequenceClassification(config).cuda()
model.train()
for i in range(n_epoch):
    train(model, train_dataloader, optimizer)


Average Loss = 0.6211): 100%|■■■■■■■■■■| 268/268 [00:31<00:00,  8.41it/
s]
Average Loss = 0.6150): 100%|■■■■■■■■■■| 268/268 [00:31<00:00,  8.38it/
s]
Average Loss = 0.6123): 100%|■■■■■■■■■■| 268/268 [00:32<00:00,  8.24it/
s]
Average Loss = 0.6136): 100%|■■■■■■■■■■| 268/268 [00:31<00:00,  8.43it/
s]
Average Loss = 0.6140): 100%|■■■■■■■■■■| 268/268 [00:32<00:00,  8.20it/
s]
Average Loss = 0.6139): 100%|■■■■■■■■■■| 268/268 [00:32<00:00,  8.20it/
s]
Average Loss = 0.6112): 100%|■■■■■■■■■■| 268/268 [00:32<00:00,  8.19it/
s]
Average Loss = 0.6038): 100%|■■■■■■■■■■| 268/268 [00:33<00:00,  8.12it/
s]
Average Loss = 0.5606): 100%|■■■■■■■■■■| 268/268 [00:32<00:00,  8.17it/
s]
Average Loss = 0.5141): 100%|■■■■■■■■■■| 268/268 [00:32<00:00,  8.19it/
s]
Average Loss = 0.4693): 100%|■■■■■■■■■■| 268/268 [00:32<00:00,  8.14it/
s]
```

```
Average Loss = 0.4246): 100%|■■■■■■■■■| 268/268 [00:32<00:00,  8.20it/
s]
Average Loss = 0.3828): 100%|■■■■■■■■■| 268/268 [00:32<00:00,  8.33it/
s]
Average Loss = 0.3571): 100%|■■■■■■■■■| 268/268 [00:31<00:00,  8.60it/
s]
Average Loss = 0.3187): 100%|■■■■■■■■■| 268/268 [00:29<00:00,  8.98it/
s]
Average Loss = 0.2886): 100%|■■■■■■■■■| 268/268 [00:29<00:00,  9.00it/
s]
Average Loss = 0.2751): 100%|■■■■■■■■■| 268/268 [00:29<00:00,  9.04it/
s]
Average Loss = 0.2675): 100%|■■■■■■■■■| 268/268 [00:29<00:00,  8.95it/
s]
Average Loss = 0.2352): 100%|■■■■■■■■■| 268/268 [00:29<00:00,  9.03it/
s]
Average Loss = 0.2171): 100%|■■■■■■■■■| 268/268 [00:29<00:00,  9.05it/s]
```

cola_model_no_pretrained.bin을 로딩해서 추론을 하면 코드 4.9와 같은 결과를 얻을 수 있다. 코드 4.7에서 얻었던 스코어 0.5721보다 훨씬 낮아진 것을 알 수 있다.

코드 4.9 사전 학습된 BERT를 사용하지 않은 문장 분류 모델 성능 검증하기

```
>>> labels, preds = inference(model, test_dataloader)
>>> confusion_matrix(labels, preds)
array([[ 31, 131],
       [ 56, 298]])

>>> from sklearn.metrics import matthews_corrcoef
>>> matthews_corrcoef(labels, preds)
0.04111147909054526
```

4.2.11. 질의응답 모델로 파인튜닝하기

BERT를 이용해서 질의응답 모델을 만들어 보자. 앞 절에서는 BERT를 이용해서 분류 모델을 만들었다. 이번 절에서는 질의응답 데이터셋으로 유명한 SQuAD^{Stanford Question Answering Dataset}를 이용해서 질의응답 모델을 만들어 보자. SQuAD는 1.1버전과 2.0버전이 있는데 이 책에서는 2.0 버전을 사용하려고 한다. 우선 SQuAD의 예시를 살펴보자.

블록 4.9 : SQuAD의 예시

```
"paragraphs":
[
   {
      "qas":
      [
         {
                     "question": "In what country is Normandy located?",
                     "id": "56ddde6b9a695914005b9628",
                     "answers": [
                           {"text": "France", "answer_start": 159}, {"text": "France",
"answer_start": 159},
                           {"text": "France", "answer_start": 159}, {"text": "France",
"answer_start": 159}
                     ],
                     "is_impossible": false
         },
         {
                     "question": "When were the Normans in Normandy?",
                     "id": "56ddde6b9a695914005b9629",
                     "answers": [
                           {"text": "10th and 11th centuries", "answer_start": 94},
                           {"text": "in the 10th and 11th centuries", "answer_start": 87},
```

{"text": "10th and 11th centuries", "answer_start": 94},
{"text": "10th and 11th centuries", "answer_start": 94}
],
"is_impossible": false
},
]
"context": "The Normans (Norman: Nourmands; French: Normands; Latin: Normanni) were the people who in the 10th and 11th centuries gave their name to Normandy, a region in France. They were descended from Norse (\"Norman\" comes from \"Norseman\") raiders and pirates from Denmark, Iceland and Norway who, under their leader Rollo, agreed to swear fealty to King Charles III of West Francia. Through generations of assimilation and mixing with the native Frankish and Roman-Gaulish populations, their descendants would gradually merge with the Carolingian-based cultures of West Francia. The distinct cultural and ethnic identity of the Normans emerged initially in the first half of the 10th century, and it continued to evolve over the succeeding centuries."
}
...
]

블록 4.9를 보면 하나의 지문^{context}에 대해서 여러 개의 질의응답 쌍^{qas}을 갖고 있는 구조이다. qas는 여러 개의 질의응답 쌍이고, 각 쌍은 id, question, answers, is_impossible 등의 키를 갖고 있다. id는 질의응답 쌍에 대한 고유 키이다. question 은 평문으로 된 질문이다. 이 질문은 context로부터 만들어진다. answers는 질문에 대한 응답이고, text와 answer_start로 이뤄져 있다. 예를 들어 In what country is Normandy located?라는 질문에 대해서 answers는 France(text)이고, 이는 context의 159번째 문자(answer_start)이다.

SQuAD를 이용해서 질의응답 모델을 만들 때 모델의 입출력은 블록 4.10과 같다.

블록 4.10: 질의응답 모델 학습을 위한 입출력

```
# 평문으로 된 question/text
question = "Who was Jim Henson?"
text = "Jim Henson was a nice puppet"

# question과 text를 구분자([CLS], [SEP])로 구분해서 아래와 같이 inputs를 만든다.
inputs = ['[CLS]',
'who',
'was',
'jim',
'henson',
'?',
'[SEP]',
'jim',
'henson',
'was',
'a',
'nice',
'puppet',
'[SEP]']

# 위의 입력에 대한 정답인 start_position과 end_position을 인덱스로 나타낸다.
start_position = [10]
end_position = [12]
```

inputs는 question과 text를 토큰화해 [CLS], [SEP] 등으로 구분해서 연결한 것이다. 질의응답 모델의 입력은 inputs를 숫자로 변환한 값이며, 이때 inputs에 대한 token_type_ids와 attention_mask값도 같이 입력된다. 코드 4.10을 참고하라.

코드 4.10 질의응답 모델에 대한 입출력

```
from transformers import BertTokenizer, BertForQuestionAnswering
```

```
model = BertForQuestionAnswering.from_pretrained('bert-base-uncased')
input_ids = [[101, 2040, 2001, 3958, 27227, 1029, 102, 3958, 27227, 2001, 1037,
3835, 13997, 102]]
token_type_ids = [[0, 0, 0, 0, 0, 0, 0, 1, 1, 1, 1, 1, 1, 1]]
attention_mask = [[1, 1, 1, 1, 1, 1, 1, 1, 1, 1, 1, 1, 1, 1]]
inputs = {
'input_ids':torch.tensor(input_ids),
'token_type_ids':torch.tensor(token_type_ids),
'attention_mask':torch.tensor(attention_mask)
}
start_position = torch.tensor([[10]])
end_position = torch.tensor([[12]])
```

BertForQuestionAnswering의 구조는 코드 4.11과 같다. 클래스를 정의하는 __
init__ 부분을 보면 BERT 모델과 파인튜닝 레이어가 전부이다. 코드 4.11에는 입력
데이터를 self.bert에 넣어서 그 결과를 outputs에 저장하는 부분이 있다. 여기에서의
outputs는 길이가 1인 튜플이다. outputs[0]은 입력 데이터가 (1, 14)일 경우 (1, 14,
768)이다. outputs[0]을 self.qa_outputs에 입력으로 넣으면 (1, 14, 2) shape
의 텐서가 logits에 저장된다.

이 logits를 split 함수를 통해서 두 개의 (1, 14, 1) 텐서로 쪼갠 다음에 각각을
squeeze해서 start_logits와 end_logits를 만든다. 이 값을 코드 4.10에서 준비한
start_position, end_position과 대조해서 start_loss와 end_loss를 구한다.
BertForQuestionAnswering의 forward 함수를 보면 각 단계별로 중요한 부분에
주석으로 텐서의 shape 또는 value를 남겨뒀다. 코드 4.11은 transformers의 깃허브
리포지토리에서 modeling_bert.py에 구현돼 있는 BertForQuestionAnswering 클
래스를 참고했다.

코드 4.11 BERT를 이용한 질의응답 모델 정의하기

```
class BertForQuestionAnswering(BertPreTrainedModel):

    def __init__(self, config):
```

```python
        super().__init__(config)
        self.num_labels = config.num_labels

        self.bert = BertModel(config, add_pooling_layer=False)
        self.qa_outputs = nn.Linear(config.hidden_size, config.num_labels)

        self.init_weights()

    def forward(
        self,
        input_ids=None,
        attention_mask=None,
        token_type_ids=None,
        position_ids=None,
        head_mask=None,
        inputs_embeds=None,
        start_positions=None,
        end_positions=None,
        output_attentions=None,
        output_hidden_states=None,
        return_dict=None,
    ):
        r"""
    example:
        - input_ids: [[101, 2040, 2001, 3958, 27227, 1029, 102, 3958, 27227,
2001, 1037, 3835, 13997, 102]]
        - token_type_ids: [[0, 0, 0, 0, 0, 0, 0, 1, 1, 1, 1, 1, 1, 1]]
        - attention_mask: [[1, 1, 1, 1, 1, 1, 1, 1, 1, 1, 1, 1, 1, 1]]
        """
        return_dict = return_dict if return_dict is not None else self.config.
use_return_dict

        outputs = self.bert(
            input_ids,                        # shape=torch.Size([1, 14])
            attention_mask=attention_mask,    # shape=torch.Size([1, 14])
            token_type_ids=token_type_ids,    # shape=torch.Size([1, 14])
            position_ids=position_ids,
            head_mask=head_mask,
            inputs_embeds=inputs_embeds,
            output_attentions=output_attentions,
            output_hidden_states=output_hidden_states,
```

```python
            return_dict=return_dict,
        )

        sequence_output = outputs[0]    # shape=torch.Size([1, 14, 768])

        logits = self.qa_outputs(sequence_output)              # shape=torch.
Size([1, 14, 2])
        start_logits, end_logits = logits.split(1, dim=-1)     # shape=torch.
Size([1, 14, 1]), torch.Size([1, 14, 1])
        start_logits = start_logits.squeeze(-1).contiguous()   # shape=torch.
Size([1, 14])
        end_logits = end_logits.squeeze(-1).contiguous()       # shape=torch.
Size([1, 14])

        total_loss = None
        if start_positions is not None and end_positions is not None:
            # If we are on multi-GPU, split add a dimension
            if len(start_positions.size()) > 1:
                start_positions = start_positions.squeeze(-1)
            if len(end_positions.size()) > 1:
                end_positions = end_positions.squeeze(-1)
            # sometimes the start/end positions are outside our model inputs, we
ignore these terms
            ignored_index = start_logits.size(1)
            start_positions = start_positions.clamp(0, ignored_index)
            end_positions = end_positions.clamp(0, ignored_index)

            loss_fct = CrossEntropyLoss(ignore_index=ignored_index)
            start_loss = loss_fct(start_logits, start_positions)    #
value=tensor(2.7861, grad_fn=<NllLossBackward>)
            end_loss = loss_fct(end_logits, end_positions)          #
value=tensor(3.1949, grad_fn=<NllLossBackward>)
            total_loss = (start_loss + end_loss) / 2                #
value=tensor(2.9905, grad_fn=<DivBackward0>)

        if not return_dict:
            output = (start_logits, end_logits) + outputs[2:]
            return ((total_loss,) + output) if total_loss is not None else output

        return QuestionAnsweringModelOutput(
            loss=total_loss,
```

```
            start_logits=start_logits,
            end_logits=end_logits,
            hidden_states=outputs.hidden_states,
            attentions=outputs.attentions,
        )
```

코드 4.11에 정의한 모델을 사용해서 질의응답 모델을 학습할 수 있다. 질의응답 모델의 학습은 chapter4/squad/squad-training.ipynb를 참고하라. 학습을 진행하면 블록 4.11과 같이 Loss가 감소하게 된다.

블록 4.11 : BERT를 이용한 질의응답 모델 학습하기

```
Average Loss = 1.1870): 100%|██████████| 8247/8247 [1:24:25(00:00, 1.63it/s]
Average Loss = 0.6109): 100%|██████████| 8247/8247 [1:24:30(00:00, 1.63it/s]
Average Loss = 0.2965): 100%|██████████| 8247/8247 [1:24:34(00:00, 1.63it/s]
Average Loss = 0.1559): 100%|██████████| 8247/8247 [1:24:33(00:00, 1.63it/s]
Average Loss = 0.1029): 100%|██████████| 8247/8247 [1:24:34(00:00, 1.63it/s]
Average Loss = 0.0817): 100%|██████████| 8247/8247 [1:24:31(00:00, 1.63it/s]
Average Loss = 0.0699): 100%|██████████| 8247/8247 [1:24:34(00:00, 1.63it/s]
Average Loss = 0.0608): 100%|██████████| 8247/8247 [1:24:37(00:00, 1.62it/s]
Average Loss = 0.0549): 100%|██████████| 8247/8247 [1:24:31(00:00, 1.63it/s]
Average Loss = 0.0497): 100%|██████████| 8247/8247 [1:24:43(00:00, 1.62it/s]
```

squad-training.ipynb에서 학습한 질의응답 모델을 squad_model.bin에 저장하고, 이 파일을 이용해서 dev-v2.0.json 파일에 대한 추론을 해보면 F1 스코어 73.30721044065311을 얻을 수 있다. squad_model.bin을 활용해서 F1 스코어를 구하는 과정은 파이썬 스크립트로 작성했다. 코드 4.12를 참고하라.

코드 4.12 BERT를 이용한 질의응답 모델 성능 검증하기

```
$ python run_evaluate.py --cache_dir=caches --version_2_with_negative
$ python evaluate.py data/dev-v2.0.json outputs/predictions_.json
{
```

```
 "exact": 68.97161627221426,
 "f1": 73.30721044065311,
 "total": 11873,
 "HasAns_exact": 66.24493927125506,
 "HasAns_f1": 74.92856099221858,
 "HasAns_total": 5928,
 "NoAns_exact": 71.69049621530698,
 "NoAns_f1": 71.69049621530698,
 "NoAns_total": 5945
}
```

SQuAD v2.0의 리더보드를 확인해 보면 73.30은 약 77~78위에 해당하는 점수이다. 2018년 이후 BERT를 능가하는 다른 모델들이 많이 나온 결과로 현재 BERT의 랭킹은 높지 않지만 데이터셋을 준비하고 질의응답 모델을 디자인하는 노력이 적었다는 점에서 노력 대비 성능이 좋은 모델을 만들 수 있었다. BERT 모델의 사이즈를 늘리거나 전처리하는 방법 또는 모델 구조를 조금 더 좋은 방법으로 변경할 경우 성능이 더 좋아질 수 있지만 이 절에서는 적은 노력 대비 좋은 성능의 모델을 만들 수 있다는 점에만 집중하려고 한다.

4장에서는 BERT의 구조와 BERT를 사전 학습/파인튜닝하는 학습 방법을 자세히 알아봤다. BERT는 트랜스포머의 인코더 구조를 기본으로 하고 있으며, MLM과 NSP 기법을 이용해서 사전 학습된다. 그리고 사전 학습된 BERT를 로딩해서 여러 가지 태스크(분류, 질의응답 등)로 파인튜닝할 수 있다는 것을 배웠다. 다음 절에서는 트랜스포머의 디코더를 활용하는 GPT에 대해서 알아보려고 한다.

4.3. GPT

앞 절에서 공부한 BERT는 Transformer의 인코더 부분을 이용해서 만든 모델이다. GPT는 Transformer의 디코더 부분을 이용해서 만든 모델로 OpenAI가 2018년 6월 11일에 발표했다. BERT보다 약 사 개월 일찍 발표됐다. GPT는 Generative Pre-

Training의 약자이다. 우리말로 번역하면 생성하는 사전 학습이다. GPT에서는 앞에 나온 단어를 이용해서 다음 단어를 맞춰나가는 방식으로 사전 학습을 진행한다.

4.3.1. GPT의 사전 학습

GPT는 주어진 단어를 기반으로 다음에 오는 단어를 맞추는 방식으로 사전 학습을 진행한다. 전통적인 언어 모델의 정의이다.

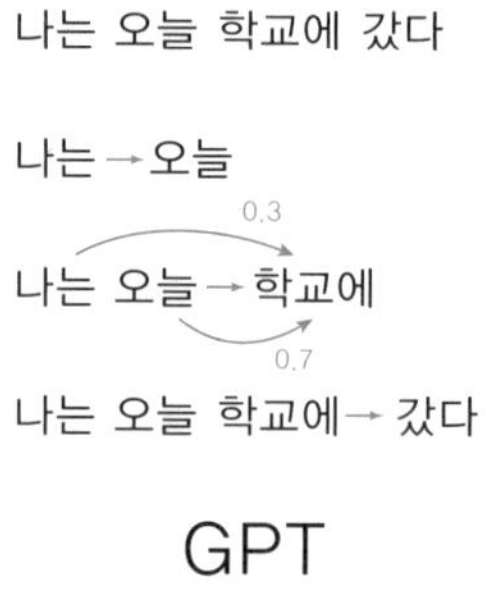

나는 오늘 학교에 갔다

나는 → 오늘

나는 오늘 → 학교에

나는 오늘 학교에 → 갔다

GPT

그림 4.5 GPT를 이용한 언어 모델 학습 방법

그림 4.5를 보면 4개의 토큰을 이용해서 언어 모델 학습을 3번 진행했다는 것을 알 수 있다. 주어진 토큰들로부터 다음 토큰을 예측할 때 어텐션이 적용된다. 이때 반드시 주어진 토큰들로부터만 어텐션 가중치를 가져야 한다. 그림 4.5에서 "학교에"를 예측하는 경우를 생각해 보면 "학교에"를 예측할 때 "나는"과 "오늘" 토큰으로부터 가중치를 각각 0.3, 0.7 정도 받아서 예측하게 된다. "학교에"를 예측할 때 "갔다" 토큰으로부터는 어떤 정보도 받아오면 안 된다.

그렇게 하려면 "갔다" 토큰에 대해서는 가중치를 0으로 만들어 주면 된다. 주어진 토큰이 아닌 미래의 토큰으로부터 문맥 정보를 습득하지 못하도록 가중치를 0으로 만들어 주는 Self-Attention 기법을 Masked Self-Attention이라고 한다.

GPT에서 Masked Self-Attention을 사용함으로써 BERT와 큰 차이점을 갖게 된다. BERT의 경우 한 위치에 해당하는 토큰을 예측하는 MLM을 실행할 때 필요한 정보를 앞뒤 토큰들로부터 가져왔다. 양쪽 방향으로부터 정보를 가져올 수 있는 구조이다. BERT의 B가 양방향을 뜻하는 bidirectional인 이유이다. 반면에 GPT는 예측할 토큰 뒤에 나오는 토큰으로부터는 문맥 정보를 가져올 수 없다. 따라서 단방향^{unidirectional}의 성격을 갖고 있다.

4.3.2. Masked Self-Attention

GPT가 Masked Self-Attention을 통해서 예측할 토큰의 뒤쪽에 있는 토큰으로부터는 정보를 습득하지 못하게 한다는 것을 배웠다. 이것을 어떻게 구현할 수 있을까? 이번 절에서는 Masked Self-Attention을 어떻게 구현하는지 알아보자. 우선 쿼리, 키, 값 으로 어텐션 가중치를 구하는 과정을 다시 한 번 그림으로 이해해 보자. 그림 4.6을 보자.

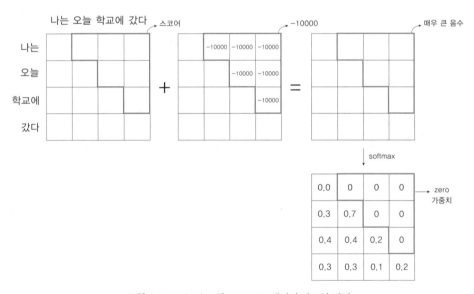

그림 4.6 Masked Self-Attention에서의 마스킹 방법

그림 4.6에서 softmax 연산 후 결과를 보면 매우 큰 음수를 더한 영역의 값이 0으로 바뀌었다. 매우 큰 음수가 softmax를 취했을 때 그 값은 0으로 수렴하게 된다. −10000을 더해준 이유가 바로 softmax를 취했을 때 어텐션의 값을 0으로 수렴하게

인위적으로 만들어 주기 위함이다. softmax를 취한 후에는 마스킹이 되지 않은 부분의 어텐션 가중치 합이 1이 된다. 마스킹한 후의 어텐션 가중치를 그림 4.5에서와 같이 적용할 경우 앞에 나타난 토큰만을 이용해서 어텐션을 계산할 수 있게 된다.

GPT는 단계적으로 발전해 나가고 있다. 2019년에는 GPT2가 발표됐고, 2020년에는 GPT3도 발표됐다. GPT2와 GPT3에 대해서는 5장에서 공부해 보자.

4.4. RoBERTa

RoBERTa는 Facebook에서 2019년 7월 26일에 발표된 논문이다. 논문 제목은 "RoBERTa: A Robustly Optimized BERT Pretraining Approach"이다. 이 논문의 핵심은 BERT를 최적으로 학습하는 것이다. 논문에서는 BERT의 성능을 추가적으로 더 향상시킬 수 있는 방법을 소개했다. RoBERTa의 모델 구조는 BERT의 구조와 동일하지만 MLM을 학습할 때 데이터를 처리하는 방법, NSP를 처리하는 방법, 배치 사이즈 조절, 토크나이저 변경 등의 방법을 통해 몇몇 벤치마크 데이터셋 태스크에서 BERT의 성능을 뛰어넘었다.

4.4.1. 정적 또는 동적 마스킹 전략

RoBERTa에서는 MLM을 학습할 때 사용하는 마스킹 전략을 Static^{정적} 또는 Dynamic^{동적} 두 가지 방법으로 수정했다.

원래의 BERT에서는 데이터 전처리 과정에서 토큰들에 대한 마스킹을 수행한다. 즉 하나의 데이터에 대해서 하나의 마스킹만이 사용된다. Static 마스킹 전략은 하나의 데이터를 10번 복제해서 각각 마스킹을 독립적으로 적용하는 것이다. 결과적으로 하나의 데이터에 마스킹을 서로 다르게 해줌으로써 서로 다른 10개의 데이터를 사용해서 MLM을 학습하게 된다.

Static 마스킹 전략보다 더 자유롭게 마스킹하는 방법이 Dynamic 마스킹이다. 모델에 입력으로 사용할 때마다 마스킹을 새로 하는 것이 Dynamic 마스킹이다.

그림 4.7은 Dynamic/ Static 마스킹의 예시를 보여준다.

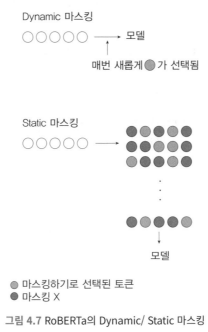

그림 4.7 RoBERTa의 Dynamic/ Static 마스킹

4.4.2. NSP 전략

RoBERTa에서는 BERT의 사전 학습에서 사용하고 있는 NSP를 여러 가지 방법으로 변형시켜서 테스트했다.

예시문:

DOC1: 아침에 일어났다. 이상하게 배가 아팠다. 그래서 병원에 갔다.
병원은 너무 멀었다. 차로 한참을 가다가 나는 잠이 들고 말았다.

DOC2: 오늘은 왠지 술을 한 잔 하고 싶다. 비도 오고 일도 잘 안 된다.
왠지 모르게 다 내려놓고 놀고 싶은 날이다.

DOC3: 우와 엄마가 선물을 줬다. 태권V 장난감이다. 내가 제일 갖고 싶었던
장난감인데.

SEGMENT-PAIR+NSP
→ 아침에 일어났다. 이상하게 배가 아팠다. 오늘은 왠지 술을 한 잔 하고 싶다. 비도 오고 일도 잘 안 된다.

SENTENCE-PAIR+NSP
→ 아침에 일어났다. 이상하게 배가 아팠다. → 입력의 길이가 512보다 짧을 가능성이 높음

FULL-SENTENCES (NO NSP)
→ 왠지 모르게 다 내려놓고 놀고 싶은 날이다. 우와 엄마가 선물을 줬다.

DOC-SENTENCES (NO NSP)
→ 병원은 너무 멀었다. 차로 한참을 가다가 나는 잠이 들고 말았다. → 입력의 길이가 512보다 짧을 가능성이 높음
예) 한 문단의 끝 지점 근처부터 샘플링될 경우

그림 4.8 RoBERTa에서의 NSP 전략

그림 4.8의 각 경우를 알아보자. SEGMENT-PAIR+NSP는 세그먼트 단위로 NSP를 진행하는 것이다. SEGMENT는 하나의 데이터에서 연속된 문장이다. SENTENCE-PAIR+NSP는 문장 단위로 NSP를 진행하는 것이다. 이 방법의 경우 문장을 두 개만 이용해서 NSP를 학습하기 때문에 토큰의 개수가 512보다는 훨씬 적은 경우가 많다는 단점이 있다. 이 단점의 해결을 위해 RoBERTa에서는 배치 사이즈를 증가시켰다. 배치 사이즈를 증가시키면 하나의 배치에서 학습하는 토큰의 수를 다른 방법들과 비슷하게 만들어 줄 수 있기 때문이다.

FULL-SENTENCES와 DOC-SENTENCES에서는 NSP를 하지 않는다. FULL-SENTENCES의 경우 임의의 SEGMENT를 한 개 이상의 문단으로부터 가져와서 길이가 512가 될 때까지 잇는다. DOC-SENTENCES는 FULL-SENTENCES와 같은 방법

인데 한 개의 문단으로부터만 데이터를 가져온다.

4.4.3. 배치 사이즈와 데이터셋 크기

그림 4.8에서 SENTENCE-PAIR+NSP와 DOC-SENTENCES의 경우에는 토큰의 길이가 보통 512보다 짧을 확률이 크다. SENTENCE-PAIR+NSP의 경우에는 문장 두 개만을 잇는 것이기 때문에 그렇다. DOC-SENTENCES의 경우에는 하나의 문단에서 샘플링해서 샘플링한 지점 이후의 데이터가 모두 데이터가 되는 방법인데 만일 샘플링된 지점이 문단의 거의 끝부분이라면 토큰의 수가 512보다 훨씬 적어진다.

이런 경우 배치 사이즈를 늘려서 하나의 배치 사이즈에서 충분한 개수의 토큰 수가 나올 수 있도록 수정한다. 또한 학습에 사용하는 데이터셋의 크기도 키운다. BERT에서 사전 학습에 사용한 데이터셋은 Wikipedia 데이터셋으로 약 16GB이다. RoBERTa에서는 그 외 다른 데이터셋을 추가해서 총 160GB로 늘렸다.

4.5. ALBERT

ALBERT는 2019년 7월에 Google Research와 Toyota Technological Institute at Chicago가 연구해서 발표한 언어 모델이다. ALBERT는 BERT의 모델 사이즈가 크다는 단점을 극복한 언어 모델이며, 모델 사이즈를 크게 줄인 동시에 성능도 비슷하거나 높은 수준으로 끌어올렸다. 모델 사이즈를 줄이는 방법으로는 두 가지 기법을 사용했는데 이 절에서 그 기법에 대해서 자세하게 살펴볼 것이다. 또한 ALBERT를 사용했을 때 모델 사이즈가 얼마나 줄어들었는지도 알아보자.

4.5.1. Factorized Embedding Parameterization

ALBERT 논문에서 Factorized Embedding Parameterization은 임베딩 파라미터를 통해서 모델 사이즈를 줄이는 방법으로 소개되고 있다. 이 기법을 이해하려면 우선

BERT에서 입력 데이터를 어떻게 임베딩하는지 다시 한 번 되새겨 보자. Factorized Embedding Parameterization의 이해를 위해서는 4.2.1절을 선행으로 이해해야 한다. 4.2.1절을 공부하지 않은 독자들은 4.2.1절을 먼저 공부하고 이 절을 다시 공부하길 바란다.

ALBERT에서는 임베딩할 때 사용되는 파라미터의 개수를 조정함으로써 임베딩에 들어가는 파라미터 수를 줄였다. BERT에서는 임베딩 레이어를 만들 때 임베딩 사이즈(E)를 히든 사이즈(H)와 같게 됐다. H가 커질수록 E도 같이 커지게 되는 구조이다. H는 context-dependent한 피처를 학습하기 위함이고, E는 context-independent한 피처를 학습하기 위함이다. BERT는 context-dependent한 피처를 통해서 강력한 성능을 내는 모델이다. 따라서 H를 크게 갖는 것은 좋지만 그로 인해 E가 필요 이상으로 커지게 된다. 즉 BERT의 사전 학습 과정에서 E가 필요 이상으로 클 수 있다는 뜻이다. ALBERT 논문에서는 E와 H를 굳이 같은 값으로 묶어버릴 필요가 없다고 이야기하고 있다. 그 부분을 인용 3에서 살펴보자.

|인용 3|

논문 ALBERT: A LITE BERT FOR SELF-SUPERVISED LEARNING OF LANGUAGE REPRESENTATIONS 인용

As such, untying the WordPiece embedding size E from the hidden layer size H allows us to make a more efficient usage of the total model parameters as informed by modeling needs

워드피스 임베딩 사이즈 E를 히든 레이어 사이즈 H와 다른 값을 쓰면(untying) 전체 모델 파라미터를 더 효과적으로 사용할 수 있다.

BERT의 임베딩 레이어의 파라미터 크기는 $V \times E$이다. 그런데 BERT에서는 E=H이기 때문에 임베딩 레이어의 파라미터 크기는 $V \times H$와 같다. ALBERT에서는 $V \times E$로 임베딩하고 이렇게 임베딩된 E 차원을 H 사이즈로 다시 변형한다. 이때 E는 H보다 훨씬 작게 설정한다. 논문에서는 이 내용을 수학적으로 $V \times H$를 분해decomposition해서 V

×E와 E×H로 만든다고 설명하고 있다. ALBERT와 BERT의 임베딩 사이즈를 비교해 보면 블록 4.12와 같다.

블록 4.12: ALBERT와 BERT의 임베딩 파라미터 수 계산

```
# BERT
V=30000
H=768
BERT의 임베딩 레이어 파라미터 개수 = 30,000 x 768 = 23,040,000

# ALBERT
V=30000
E=128
H=4096
ALBERT의 임베딩 레이어 파라미터 개수 = 30000 x 128 + 128 x 4096 = 3,840,000 + 524,288 = 4,364,288
```

블록 4.12를 보면 ALBERT의 임베딩 레이어 파라미터 개수는 BERT에 비해 약 80% 줄었다. 코드 4.13을 통해 Transformer에서 구현된 ALBERT와 BERT 각각의 임베딩 사이즈를 확인해 보자.

코드 4.13 ALBERT와 BERT의 임베딩 파라미터 수 비교

```python
from transformers import BertModel, AlbertModel

bert = BertModel.from_pretrained('bert-base-uncased')
albert = AlbertModel.from_pretrained('albert-base-v2')

def num_model_param(m):
    return sum(mi.numel() for mi in m.parameters())

albert_embedding = num_model_param(albert.encoder.embedding_hidden_mapping_in) +
num_model_param(albert.embeddings)
bert_embedding = num_model_param(bert.embeddings)
print('number of BERT Embedding parameters: {}'.format(bert_embedding))
```

```
print('number of ALBERT Embedding parameters: {}'.format(albert_embedding))
```

블록 4.13: ALBERT와 BERT의 임베딩 파라미터 수 비교

number of BERT Embedding parameters: 23837184

number of ALBERT Embedding parameters: 4005120

블록 4.13을 보면 ALBERT의 임베딩 파라미터 개수는 BERT의 임베딩 파라미터 개수의 약 16.8%이다.

4.5.2. Cross-layer Parameter Sharing

BERT의 파라미터 개수를 비약적으로 줄인 것은 Cross-layer Parameter Sharing이다. BERT에서 Self-Attention을 계산해서 H 차원의 결괏값을 만들어 내는 BertLayer 블록을 12번 반복한다. 이때 파라미터를 공유하지 않기 때문에 같은 구조의 블록을 12개 만든다. ALBERT에서는 이 구조의 블록을 한 번만 만들되, 사용 시에는 결괏값을 다시 입력값으로 집어넣는 과정을 12번 반복해서 결과적으로 모델 사이즈를 1/12로 줄인다. 이 과정에서 처음에 만든 구조를 반복해서 사용하기 때문에 파라미터를 공유하게 되는 것이다. 그림 4.9는 BERT와 ALBERT의 인코더 동작 구조를 그림으로 표현한 것이다.

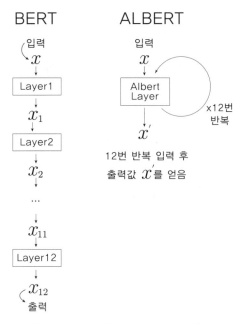

그림 4.9 ALBERT와 BERT의 인코더 동작 구조

그림 4.9를 보면 BERT에서는 Layer가 12개 필요하다. 입력값 x가 12개의 Layer를 거쳐서 최종적으로 출력값 x_{12}를 얻게 된다. 그에 반해 ALBERT에서는 Layer를 한 개 만들고 그것을 12번 반복해서 사용한다. BERT의 전체 모델 사이즈 중에서 Layer가 차지하는 비중이 매우 크다는 것을 고려하면 12개의 Layer를 한 개로 줄이면 전체 모델 사이즈가 12배 준다는 것을 예측할 수 있다. Transformer에서 구현된 ALBERT와 BERT의 인코더 사이즈를 확인해 보자. 코드 4.14를 보자.

코드 4.14 ALBERT와 BERT의 인코더 파라미터 수 비교

```
from transformers import BertModel, AlbertModel

bert = BertModel.from_pretrained('bert-base-uncased')
albert = AlbertModel.from_pretrained('albert-base-v2')

# 모델의 파라미터를 구하는 함수
def num_model_param(m):
    return sum(mi.numel() for mi in m.parameters())
```

```
bert_encoder = num_model_param(bert.encoder)
albert_encoder = num_model_param(albert.encoder)

print('number of BERT Encoder parameters: {}'.format(bert_encoder))
print('number of ALBERT Encoder parameters: {}'.format(albert_encoder))
```

코드 4.14를 실행하면 블록 4.14의 결과를 확인할 수 있다.

블록 4.14: ALBERT와 BERT의 인코더 파라미터 수 비교

number of BERT Encoder parameters: 85054464

number of ALBERT Encoder parameters: 7186944

BERT 인코더 파라미터의 개수는 ALBERT 인코더 파라미터 개수의 약 11.8배이다. 임베딩과 인코더의 파라미터 개수를 비교하는 코드는 chapter4/parameter_count_comparision.ipynb를 통해 확인하면 된다.

여기에서 한 번 비판적으로 생각해 보자. Cross-layer Parameter Sharing 기법에서 파라미터 개수를 줄이는 원리는 굉장히 간단하다. 하지만 ALBERT처럼 하나의 AlbertLayer를 만들어서 그것을 반복해 사용해도 모델의 성능에는 문제가 없을까? 코드 4.14에서 AlbertLayer 한 개로 입력 x값을 계속 업데이트하고 있다. for문의 각 단계에서 x가 업데이트되기 전후의 L2 거리와 코사인 거리를 구해서 그것을 그래프로 그리면 그림 4.10과 같다.

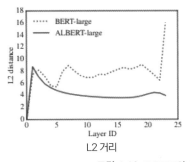
L2 거리

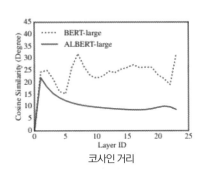
코사인 거리

그림 4.10 ALBERT와 BERT의 인코딩 전후 거리 비교

그림 4.10은 입력값 x를 AlbertLayer에 넣어서 계속 업데이트시키면 입력 x와 업데이트된 x의 차이가 점차 줄어들게 된다는 것을 보여주는 그림이다. ALBERT 논문에서는 이렇게 입력과 출력의 차이가 줄어드는 지점에 도달하는 것을 평행점^{Equilibrium Point}에 도달한다고 표현하고 있다. 모델의 파라미터를 공유함으로써 평행점에 도달하면 같은 구조의 모델도 더 높은 성능을 보인다고 설명하고 있다.

| 인용 4 |

논문 ALBERT: A LITE BERT FOR SELF-SUPERVISED LEARNING OF LANGUAGE REPRESENTATIONS 인용

Similar strategies have been explored by Dehghani et al. (2018) (UniversalT ransformer, UT) and Bai et al. (2019) (Deep Equilibrium Models, DQE) for Transformer networks. Different from our observations, Dehghani et al. (2018) show that UT outperforms a vanilla Transformer.

비슷한 전략이 Dehghani가 발표한 논문에서 소개된 적이 있다. Dehghani에 따르면 UT가 기본 트랜스포머 모델을 앞서나갔다.

그림 4.10의 그래프를 실제로 구현해보자. 코드는 chapter4/albert_parameter_sharing.ipynb를 참고하면 된다. 이 코드에서는 ALBERT 모델을 로딩한 후 "Hello, my dog is cute"라는 샘플 문장을 이용해서 이 문장의 히든 스테이트 값이 레이어를 거치면서 어떻게 변하고 있는지를 설명한다.

모델을 로딩하는 부분과 샘플 문장을 모델의 입력으로 만드는 부분은 코드 4.15를 참고하라.

코드 4.15 ALBERT 모델 로딩과 입력 값 생성

```
model_nm = 'albert-large-v1'
tokenizer = AlbertTokenizer.from_pretrained(model_nm)
model = AlbertModel.from_pretrained(model_nm)
input_ids = torch.tensor(tokenizer.encode("Hello, my dog is cute", add_special_
tokens=True)).unsqueeze(0)  # Batch size 1
```

```
outputs = model(input_ids)
last_hidden_states = outputs[0]
emb_output = model.embeddings(input_ids)
```

코드 4.15에서 만든 입력 값을 히든 스테이트로 만들어보자.

코드 4.16 입력 값에 대한 히든 스테이트 생성

```
emb_output = model.embeddings(input_ids)
hidden_states = model.encoder.embedding_hidden_mapping_in(emb_output)
```

코드 4.16에서 만든 히든 스테이트가 ALBERT의 레이어를 지나면서 어떻게 변하는지
살펴보자. 각 레이어에서의 거리 값을 계산하기 위해서 코사인 유사도를 사용했다.

코드 4.17 각 레이어마다의 히든스테이트 변화량 계산

```
dist = torch.nn.CosineSimilarity(dim=1, eps=1e-6)
distance_list = []
for i in range(n_layers):
    input_embedding = hidden_states
    layer_out = model.encoder.albert_layer_groups[0](
        hidden_states,
        extended_attention_mask,
        head_mask[0*n_layers:(0+1)*n_layers]
    )
    hidden_states = layer_out[0]
    output_embedding = hidden_states

    distance = torch.dist(input_embedding, output_embedding, p=2)
    print(i, hidden_states.shape, input_embedding.shape, output_embedding.shape,
distance)
    distance_list.append(distance)
```

코드 4.17을 실행하면 그림 4.11과 같이 레이어를 거칠수록 히든 스테이트의 변화량
이 점점 감소하는 것을 확인할 수 있다.

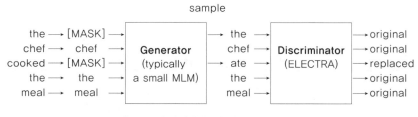

그림 4.11 각 레이어마다의 히든 스테이트 변화량

4.5.3. Sentence Order Prediction(SOP)

ALBERT에서 또 하나 짚고 넘어가야 할 부분이 SOP^Sentence Order Prediction이다. 이는 BERT에서의 NSP가 언어 모델을 학습하는 데 유용한지에 대한 의구심이 있어서 NSP 를 조금 다른 방식으로 변형한 것이다. SOP는 두 개의 연결된 문장을 사용한다. 그리 고 문장의 순서를 바꾸지 않으면 1, 바꾸면 0으로 정의하고 학습한다.

> **블록 4.15: SOP 학습 데이터 예시**
>
> 예제 문단: 아침에 일어났다. 이상하게 배가 아팠다. 그래서 병원에 갔다.
>
> positive example: 〈CLS〉 이상하게 배가 아팠다. 〈SEP〉 그래서 병원에 갔다. 〈SEP〉
> negative example: 〈CLS〉 그래서 병원에 갔다. 〈SEP〉 이상하게 배가 아팠다.

ALBERT를 사전 학습할 때 SOP를 학습하려면 블록 4.15와 같이 〈CLS〉와 〈SEP〉를 문장 앞뒤와 중간에 붙여준다.

4.5.4. ALBERT 정리

ALBERT는 BERT 모델의 성능을 비슷하거나 높은 수준으로 향상시켰고, 동시에 모 델 사이즈도 약 1/10로 줄였다. 모델 사이즈를 줄이는 방법은 두 가지이다. 하나는 Factorized Embedding Parameterization이고, 다른 하나는 Cross-layer Parameter

Sharing이다. 또한 사전 학습을 진행할 때도 NSP를 SOP로 변형했다.

	base		
	albert-base-v2	bert-base-uncased	rate(albert/bert)
embedding	4,005,120	23,837,184	0.168
encoders	7,186,944	85,054,464	0.084
total	11,683,584	109,482,240	0.107

표 4.3 BERT와 ALBERT의 파라미터 수 비교

4.6. ELECTRA

ELECTRA^{Efficiently Learning an Encoder that Classifies Token Replacements Accurately}는 Google Brain과 스탠퍼드 대학교가 함께 연구해서 2020년 5월 23일에 발표한 언어 모델이다. 일반적으로 언어 모델을 사전 학습할 때 학습 시간이 오래 걸린다. ELECTRA는 학습 효율을 개선함으로 사전 학습 시간을 현저하게 줄였다. RoBERTa, ALBERT, BERT에서 언어 모델을 학습할 때 MLM을 사용했는데 ELECTRA는 RTD^{Replaced Token Detection}라는 방법을 사용한다. 이번 절에서 ELECTRA에 대해서 자세하게 이해해 보자.

4.6.1. 학습 구조

ELECTRA는 GAN^{Generative Adversarial Networks}과 유사한 구조를 갖고 있다. GAN에 대해서 간략하게 설명하고 넘어가자. GAN은 Generator와 Discriminator로 구성된다. 입력값을 Generator가 생성(가짜 입력값)하고, Discriminator는 Generator가 준 입력값이 진짜(1)인지 가짜(0)인지 구별하는 학습을 한다. 이렇게 계속학습을 하다 보면 Discriminator는 진짜와 가짜를 구별하지 못하게 되고, Generator는 정말 진짜 같은 데이터를 만들어 내는 네트워크로 학습된다.

ELECTRA를 학습할 때도 Generator와 Discriminator가 필요하다. 그림 4.12는 ELECTRA에서 Generator와 Discriminator가 어떤 역할을 하는지 잘 설명하고 있다.

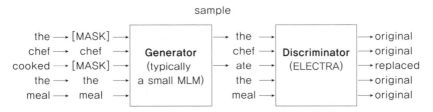

그림 4.12 ELECTRA의 Generator와 Discriminator 역할

그림 4.12를 보면 입력값 "the chef cooked the meal"을 Generator가 "the chef ate the meal"로 바꿨다. 이때 MLM을 이용해서 바꾼다. Discriminator는 어떤 단어가 바뀐 단어인지 알아내는 학습을 한다(RTD). 학습이 완료된 Discriminator가 ELECTRA 모델이다. 이때 Generator는 사용하지 않는다. Generator를 직접 사용하지 않기 때문에 Generator의 크기가 그렇게 클 필요가 없다. 그래서 보통 ELECTRA에서는 MLM 모델을 작게 만들어서 학습시킨다.

4.6.2. RTD

ELECTRA는 학습의 효율을 개선함으로써 사전 학습 시간을 현저하게 줄였다. 학습의 효율을 개선한 비밀이 RTD이다. MLM은 전체 입력 토큰의 15%만 랜덤으로 정해서 그 부분에 대해서만 학습을 진행한다. 나머지 85%에 대해서는 학습이 진행되지 않는다. ELECTRA의 저자들은 이 부분이 비효율적이라고 생각했다. 그래서 각 토큰에 대해서 학습을 진행할 수 있는 방법인 RTD를 소개한 것이다. 4.6.1절의 그림 4.12에서 알 수 있듯이 Discriminator에서 RTD를 학습할 때 각 토큰에 대해서 그 토큰이 fake인지 real인지 판단한다. 즉 모든 토큰이 학습 대상이 된다. 하나의 입력 데이터로 더 많은 학습을 할 수 있게 된다.

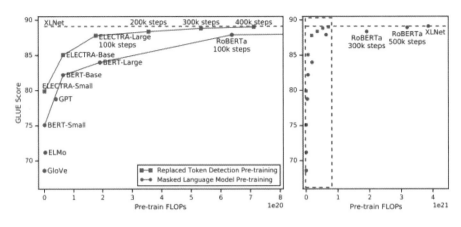

그림 4.13 RTD를 통한 언어 모델 학습 효과

그림 4.13을 보면 여러 언어 모델들과 ELECTRA 기반의 모델들이 특정 GLUE 스코어에 도달할 때까지의 FLOPs를 그래프로 보여주고 있다. FLOPs는 FLoating point Operations Per Second의 약자이다. 그림 4.13의 단위를 보면 1e-20이다. 무려 1천경에 해당하는 숫자이다. 가령 BERT-Large의 경우 약 2e-20번의 Floating-Point 연산을 했다는 것이다. ELECTRA-Large와 비교했을 때 거의 같은 FLOPs이지만 도달한 GLUE 스코어는 매우 차이가 많이 난다.

4.7. DistilBERT

지금까지 설명한 BERT 기반의 모델은 모두 기존의 CNN 또는 RNN 기반의 언어 모델보다 월등한 성능을 보여줬다. 하지만 모델의 크기도 굉장히 커졌다. 이는 자연스럽게 연산량의 증가로 이어지며 실제 모델을 서비스에 적용할 경우 지연 시간도 길어지게 된다. 따라서 가벼운 모델을 만들어보기 위한 경량화에 대한 연구도 활발하게 진행되고 있는데 크게 양자화quantization, 가지치기pruning, 지식 증류Knowledge Distillation 등이 있다. 이 절에서는 BERT를 지식 증류 기법을 통해 경량화한 DistilBERT에 대해서 이야기해 보자.

4.7.1. 지식 증류

지식 증류[Knowledge Distillation]는 모델 경량화 기법 중 하나이다. 대량의 데이터셋으로 학습된 큰 모델은 많은 수의 파라미터를 갖고 있다. 그렇기 때문에 이런 모델을 실제 서비스에 적용하려면 메모리를 비효율적으로 많이 사용해야 하고 모델의 실행속도도 느릴 수밖에 없다. 그렇다고 모델의 크기를 줄이거나 더 작은 모델을 찾아서 학습시킨다면 모델의 정확도가 떨어지게 된다. 지식 증류는 모델의 크기를 비약적으로 줄여서 메모리 사용량과 모델의 실행속도를 크게 개선하면서 모델의 정확도는 거의 같거나 조금 낮은 정도로 유지시키는 기법이다. 즉 대량의 데이터셋으로 학습된 큰 모델이 갖고 있는 지식을 그보다 작은 모델로 이전시키는 기법이다.

지식 증류에서 이미 학습된 지식을 갖고 있는 큰 모델을 티처[Teacher] 모델이라고 하고 이 모델로부터 지식이 이전될 작은 모델을 스튜던트[Student] 모델이라고 한다. 지식 증류로 스튜던트 모델을 학습하려면 기존에 학습된 티처 모델과 학습에 사용할 데이터셋이 필요하다. 이때 사용되는 데이터셋은 지식을 이전하는 데 사용하는 모델이라는 의미로 트랜스퍼[Transfer] 데이터셋이라고도 한다. 티처 모델과 트랜스퍼 데이터셋을 이용해서 지식 증류할 때는 두 가지 목적 함수가 사용된다. 하나는 스튜던트 모델과 티처 모델 간의 손실[loss]을 구하는 함수[Distillation Loss Function]이고 다른 하나는 스튜던트 모델과 실제 레이블 간의 손실을 구하는 함수[Student Loss Function]이다. 두 손실 함수의 관계는 그림 4.14를 통해서 확인할 수 있다.

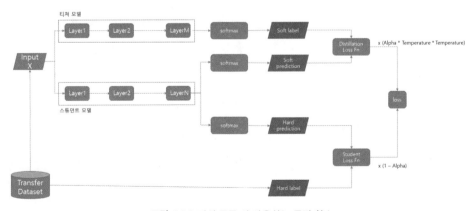

그림 4.14 지식 증류 시 사용하는 목적 함수

그림 4.14를 보면 트랜스퍼 데이터셋으로부터 입력 데이터(Input X)와 하드 레이블(Hard label)을 이용한다. 우선 입력 데이터를 스튜던트 모델과 티처 모델에 넣어서 손실 함수를 이용해 손실을 계산(Distillation Loss Fn)한다. 그리고 스튜던트 모델의 출력과 실제 레이블로 손실을 계산(Student Loss Fn)한다. 이렇게 구한 손실 두 개를 각각 (Alpha * Temperature * Temperature)와 (1 − Alpha)를 곱해서 가중치를 적용한다. 여기에서 Alpha는 0과 1 사이의 소수이고, Temperature는 소프트 레이블(Soft label 또는 Soft target)을 위해서 사용되며 양의 정수이다.

그림 4.14를 다시 한 번 보자. 티처 모델의 아웃풋은 소프트 레이블이 되고 스튜던트 모델의 아웃풋은 두 갈래로 갈라져 하나는 소프트 프리딕션, 다른 하나는 하드 프리딕션으로 나뉜다. 지식 증류에서 스튜던트 모델은 티처 모델을 모방하도록 학습하게 된다. 즉 티처 모델의 아웃풋과 스튜던트 모델의 아웃풋이 거의 차이가 없어야 된다는 말이다. 이렇게 학습되도록 하려면 티처 모델의 아웃풋과 스튜던트 모델의 아웃풋을 사용해야 하는데 바로 사용하는 것이 아니라 Temperature값으로 나눈 후 softmax를 적용한다.

$$\text{Soft label} = \text{softmax}((\text{티처 모델의 출력}) \times 1/T)$$
$$\text{Soft prediction} = \text{softmax}((\text{스튜던트 모델의 출력}) \times 1/T)$$

수식 4.1 소프트 레이블/프리딕션 수식

수식 4.1은 소프트 레이블과 소프트 프리딕션을 구하는 방법을 설명한다. 스튜던트 모델과 티처 모델의 아웃풋에 softmax를 적용함으로써 값의 분포가 조금 더 부드러워지고 softmax 함수를 적용하기 전에 Temperature로 나눈 후 적용하면 조금 더 부드러운 형태로 값이 분포될 수 있다. 강아지, 고양이, 사자, 호랑이를 구분하는 모델을 예로 들어 보자. 이 모델을 학습시켜서 강아지, 고양이, 사자, 호랑이를 잘 구분하는 모델이 학습됐다고 하고 이 모델에 고양이 이미지를 입력으로 넣어보자.

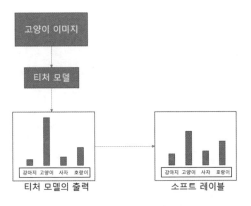

그림 4.15 하드 레이블과 소프트 레이블

그림 4.15를 보면 티처 모델의 출력에서 고양이가 가장 높게 나왔음을 알 수 있다. 지식 증류에서는 고양이뿐만 아니라 나머지 강아지, 사자, 호랑이에도 집중을 한다. 정답이 아닌 강아지, 사자, 호랑이 중에서도 호랑이와 가장 비슷하다는 정보를 무시하지 않게 하려고 소프트 레이블을 만드는 것이다. 소프트 레이블을 만들 때는 수식 4.1과 같이 아웃풋 값에 softmax를 적용해 주고 T로 나눠 더 소프트하게 만든다.

코드 4.18 소프트 레이블 예시

```
>>> import numpy as np
>>> def softmax(x):
...     f_x = np.exp(x) / np.sum(np.exp(x))
...     return f_x
...
>>>
>>> def soft_label(x, temperature):
...     return softmax(x/temperature)
...
>>> x = np.array([0.02, 0.90, 0.03, 0.05])
>>> soft_label(x, 1)
array([0.18343897, 0.44225295, 0.18528256, 0.18902552])
>>> soft_label(x, 3)
array([0.22965916, 0.3079476 , 0.23042597, 0.23196727])
>>> soft_label(x, 5)
array([0.23806927, 0.28388286, 0.23854589, 0.23950198])
```

코드 4.18을 보면 0.02, 0.90, 0.03, 0.05로 합이 1인 리스트가 x로 정의돼 있다. 이 리스트를 소프트하게 바꾸려면 이 값에 `softmax`를 취하고 더 소프트하게 하려면 `temperature`에 1보다 더 큰 수를 넣어주면 된다. `temperature`의 값이 커질수록 리스트 내의 값이 서로 비슷해진다.

지식 증류를 학습할 때 소프트 레이블과 소프트 프리딕션 간의 손실뿐만 아니라 하드 레이블과 하드 프리딕션 간의 손실도 고려하면 훨씬 학습을 잘 시킬 수 있다. 하드 레이블은 데이터셋이 갖고 있는 원래의 레이블이고, 하드 프리딕션은 스튜던트 모델이 출력한 아웃풋이다. 하드 레이블과 하드 프리딕션 간의 손실을 지식 증류 학습할 때 고려해 주면 학습 효과가 크게 증가한다. 논문 "Distilling the knowledge in a neural network"를 보면 트랜스퍼 데이터셋의 레이블이 주어질 경우 스튜던트 모델 학습이 훨씬 잘된다고 한다. 인용 5를 보자.

> **| 인용 5 |**
>
> **논문 Distilling the knowledge in a neural network 인용**
>
> When the correct labels are known for all or some of the transfer set, this method can be significantly improved by also training the distilled model to produce the correct labels.
>
> 올바른 레이블이 트랜스퍼 셋에 어느 정도 주어질 경우, 올바른 레이블을 학습에 사용하면 이 기법의 정확도가 크게 향상됐다.

이제 지식 증류 과정을 정리해 보자. 지식 증류를 학습하려면 잘 학습된 티처 모델이 있어야 하고 실제로 학습시킬 스튜던트 모델이 있어야 한다. 스튜던트 모델과 티처 모델 간의 아웃풋을 소프트하게 만들어서 손실을 계산하고, 스튜던트 모델의 아웃풋과 실제 레이블 간의 손실도 계산한다. 이 두 손실값에 가중치를 적용해서 손실을 줄여나가는 방향으로 학습하면 티처 모델이 갖고 있는 지식이 스튜던트 모델의 지식으로 이전되는 효과가 발생한다.

4.7.2. DistilBERT의 구조와 성능 비교

DistilBERT는 BERT를 지식 증류 기법으로 경량화한 모델이다. 스튜던트 모델의 구조는 기본적으로 BERT와 동일하지만 토큰 타입^{token-type} 임베딩과 마지막 풀링 레이어를 없애고 BERT의 레이어 개수를 절반으로 줄인 형태이다. BERT의 토큰 타입 임베딩은 BERT의 입력을 구성하는 토큰의 타입을 임베딩하는 레이어이다. BERT의 입력은 토큰과 그 토큰이 첫 번째 문장에 속하는지 두 번째 문장에 속하는지를 구분하는 토큰 타입이 있다. 토큰 타입을 임베딩하는 구조를 원래의 BERT는 갖고 있는데 DistilBERT에서는 그 레이어를 제거한 것이다. 앞의 코드 4.10을 보면 `token_type_ids`의 값이 어떻게 구성돼 있는지 알 수 있다. 마지막 풀링 레이어는 BERT의 레이어 이후의 레이어이다. 풀링 레이어는 아웃풋의 shape를 변형시키지 않는다. DistilBERT와 BERT의 파라미터 수를 비교해 보자.

코드 4.19 DistilBERT와 BERT의 파라미터 수 비교

```
>>> from thop import profile
>>> import torch
>>> import numpy as np
>>> from transformers import BertTokenizer, DistilBertTokenizer
>>> from transformers import BertModel, DistilBertModel
>>> tokenizer_bert = BertTokenizer.from_pretrained('bert-base-uncased')
>>> tokenizer_distilbert = DistilBertTokenizer.from_pretrained('distilbert-base-
uncased')
>>> bert = BertModel.from_pretrained('bert-base-uncased')
>>> distilbert = DistilBertModel.from_pretrained('distilbert-base-uncased')
>>> input = torch.from_numpy(np.random.randint(0, len(tokenizer_bert.vocab), (1,
512)))
>>> macs, params = profile(bert, inputs=(input,))
[INFO] Register count_ln() for <class 'torch.nn.modules.normalization.
LayerNorm'>.
[INFO] Register zero_ops() for <class 'torch.nn.modules.dropout.Dropout'>.
[INFO] Register count_linear() for <class 'torch.nn.modules.linear.Linear'>.
>>> params
85646592.0
>>> macs
87013588992.0
>>> macs, params = profile(distilbert, inputs=(input,))
```

```
[INFO] Register count_ln() for <class 'torch.nn.modules.normalization.
LayerNorm'>.
[INFO] Register zero_ops() for <class 'torch.nn.modules.dropout.Dropout'>.
[INFO] Register count_linear() for <class 'torch.nn.modules.linear.Linear'>.
>>> params
42528768.0
>>> macs
21753495552.0
```

파라미터 수는 BERT가 약 두 배 많다. 모델의 연산 횟수(MACS)는 BERT가 약 네 배 느리다. MACS는 텐서의 연산 횟수를 카운트한 것이다. 보통 a*x + b를 연산 하나로 간주한다. FLOPS는 연산 횟수를 나타낸다. MACS의 연산 단위인 a*x + b는 덧셈 하나와 곱셈 하나로 이뤄져 있기 때문에 보통 FLOPS는 MACS에 2를 곱한 값이다.[1]

DistilBERT는 연산 속도와 크기를 비약적으로 증가시켰음에도 불구하고 성능은 97% 정도 유지하고 있다고 한다. DistilBERT의 논문에서 사용된 다음의 성능 비교 표를 보자.

Model	Score	CoLA	MNLI	MRPC	QNLI	QQP	RTE	SST-2	STS-B	WNLI
ELMo	68.7	44.1	68.6	76.6	71.1	86.2	53.4	91.5	70.4	56.3
BERT-base	79.5	56.3	86.7	88.6	91.8	89.6	69.3	92.7	89.0	53.5
DistilBERT	77.0	51.3	82.2	87.5	89.2	88.5	59.9	91.3	86.9	56.3

그림 4.16 DistilBERT, BERT, ELMo의 GLUE 데이터셋 성능 비교

그림 4.16은 논문 "DistilBERT, a distilled version of BERT: smaller, faster, cheaper and lighter"에서 사용된 표이다. CoLA나 RTE의 경우에는 다소 성능이 떨어지는 것 같지만 대부분 BERT의 성능을 따라가는 것을 알 수 있다.

모델의 실행 속도 측면에서 성능을 측정해보면 DistilBERT가 BERT보다 약 2배 빠르다. 코드 4.20을 보자.

---

1 DistilBERT의 논문에서는 파라미터 수를 약 40% 줄였다고 한다. 코드 4.16은 Transformer에서 구현한 DistilBERT와 BERT를 사용해서 결과가 상이할 수 있다.

```
dbtokenizer = DistilBertTokenizer.from_pretrained('distilbert-base-uncased')
dbmodel = DistilBertModel.from_pretrained("distilbert-base-uncased", num_labels =
2).cuda()
btokenizer = BertTokenizer.from_pretrained('distilbert-base-uncased')
bmodel = BertModel.from_pretrained("distilbert-base-uncased", num_labels =
2).cuda()
input_ids = np.random.randint(0, len(btokenizer), (1, 512))
attention_mask = np.ones_like(input_ids)
input_ids = torch.from_numpy(input_ids)
attention_mask = torch.from_numpy(attention_mask)
input_ids = input_ids.cuda()
attention_mask = attention_mask.cuda()
inputs = {
    'input_ids': input_ids,
    'attention_mask': attention_mask,
}
def get_latency(model, inputs):
    start = time.time()
    for _ in tqdm(range(100)):
        output = model(**inputs)
        #output = bbmodel(**encoded_input)
    end = time.time()
    #print(f'latency: {(end - start)/100}')
    return (end - start) / 100
latency = get_latency(bmodel, inputs)
print(f'BERT latency={latency:.4f}')
latency = get_latency(dbmodel, inputs)
print(f'DistilBERT latency={latency:.4f}')
```

코드 4.20은 이 책의 리포지토리에 있는 chapter4/distilbert-latency.py를 참고하면 된다. 코드 4.20을 GPU 환경에서 실행할 경우 블록 4.16과 같은 결과를 얻을 수 있다.

블록 4.16: DistilBERT와 BERT의 실행 속도 비교

BERT latency=0.0112

DistilBERT latency=0.0055

마지막으로 DistilBERT를 지식 증류할 때 걸리는 학습 소요 시간을 보자. DistilBERT 논문에서 DistilBERT, BERT, RoBERTa의 학습 소요 시간을 비교한 것을 표 4.4로 정리했다.

	GPU	개수	메모리/GPU	시간(h)
RoBERTa	V100	1024	32GB	24
DistilBERT	V100	8	16GB	8
BERT	TPU	16	NA	96

표 4.4 DistilBERT, BERT, RoBERTa 학습 시간 비교

4.8. BigBird

2장에서는 어텐션에 대해서 자세하게 설명했고, 3장에서는 셀프 어텐션을 이용하는 트랜스포머의 핵심 구조를 살펴봤다. 그런데 셀프 어텐션에도 단점이 있다. 바로 연산량이다. 시간복잡도를 따져보면 $O(n^2)$가 된다. 여기에서 n은 시퀀스의 길이인데 시퀀스의 길이가 512가 넘는 긴 문장의 경우 시간복잡도가 기하급수적으로 늘어나서 시간과 공간복잡도 등에 영향을 준다. BERT의 연산량에 큰 영향을 미치는 것이 어텐션이다. 따라서 이 어텐션의 연산량을 줄이기 위한 많은 연구가 있었다. 그중에서 Sparse 어텐션에 대해서 이야기해 보고 빅버드^{BigBird}라고 하는 긴 시퀀스를 위한 트랜스포머에 대해서도 알아보자. 빅버드에서의 어텐션 연산은 크게 글로벌 어텐션, 로컬 어텐, 랜덤 어텐션으로 구성된다.

4.8.1. 전체 문장에 대한 어텐션, 글로벌 어텐션

빅버드에서는 첫 번째부터 몇 개의 단어는 글로벌 어텐션을 적용하는데 첫 번째부터 몇 개의 단어는 모든 단어에 대해서 어텐션을 계산하는 것이다.

블록 4.17과 같이 어텐션을 구성할 경우 첫 번째 토큰 몇 개에서 나머지 토큰들로 정보가 전이된다. 토큰 간의 어텐션을 계산하는 관계를 노드와 엣지의 그래프로 그리면 로컬 어텐션의 경우 그림 4.17과 같이 그릴 수 있다.

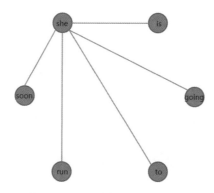

그림 4.17 글로벌 어텐션에 대한 그래프 예시

4.8.2. 가까운 단어에만 집중하기, 로컬 어텐션

셀프 어텐션에서는 토큰 하나가 쿼리로 주어지면 그것에 대한 키가 나머지 다른 모든 토큰이 된다. 즉 하나의 토큰에 대해서 나머지 토큰과 모두 비교하는 연산을 거치게 된다. 그런데 언어에서 "가까움"은 무시할 수 없다. 가까이 있는 단어들에 더 많은 집중을 해야 하는 것이 일반적이다. 그렇기 때문에 로컬 어텐션은 하나의 토큰에 대한 어텐션을 계산할 때 그 토큰과 가까이 있는 토큰들만 집중적으로 어텐션을 계산하는 것이다.

문장: She is going to run soon

토큰: She, is, going, to, run, soon

어텐션(쿼리 → 키):

- She → She is

- is → She, is, going

- going → is, going, to

- to → going, to, run

- run → to, run, soon

- soon → run, soon

블록 4.18에서 사용한 문장 "She is going to run soon"에 대해서 로컬 어텐션을 적용할 경우 토큰을 세 개씩 묶어서 그 세 개의 토큰에 대해서 어텐션을 계산한다. 물론 꼭 세 개가 아니어도 상관없다. 하나의 토큰에 대해서 앞뒤로 몇 개의 토큰에 집중해서 어텐션을 계산하는 것이 로컬 어텐션이다. 토큰 간의 어텐션을 계산하는 관계를 노드와 엣지의 그래프로 그리면 로컬 어텐션의 경우 그림 4.18과 같이 그릴 수 있다.

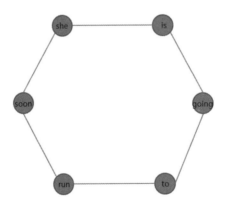

그림 4.18 로컬 어텐션에 대한 그래프 예시

4.8.3. 임의의 토큰에 대한 어텐션, 랜덤 어텐션

랜덤 어텐션은 단어 뜻 그대로 하나의 토큰에 대한 랜덤 토큰 몇 개를 구해서 그 토큰들과 어텐션을 계산하는 것이다.

블록 4.19: 랜덤 어텐션 예시

문장: She is going to run soon

토큰: She, is, going, to, run, soon

어텐션(쿼리→키):

- She → to

- run → soon, is

블록 4.19를 그래프로 나타내면 그림 4.19와 같다.

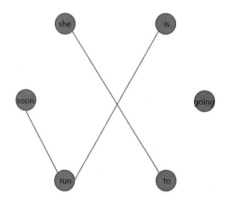

그림 4.19 랜덤 어텐션에 대한 그래프 예시

그림 4.16부터 그림 4.19까지의 그림을 모두 합치면 그림 4.20과 같다.

177

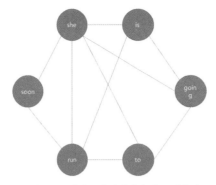

그림 4.20 빅버드의 어텐션과 셀프 어텐션

BERT에서의 어텐션은 하나의 토큰이 모든 토큰과 연결돼 있는 구조이다. 빅버드의 어텐션을 그림 4.20에서 보면 모든 토큰들이 연결돼 있지는 않지만 상당히 많이 연결돼 있는 것을 볼 수 있다. 그래프의 엣지를 하나의 토큰에서 다른 토큰으로 정보가 넘어가는 길이라고 생각해 보자. 이렇게 생각하면서 그림 4.20을 보면 셀프 어텐션의 경우 하나의 토큰에서 모든 토큰으로 정보가 전달될 수 있는데 이는 언어의 특성상 불필요하게 많을 수 있다. 빅버드의 어텐션의 경우 토큰과 토큰 사이가 충분히 많이 연결돼 있되 로컬 어텐션 등을 통해서 중요한 부분에만 집중할 수 있도록 했다.

4.8.4. 토큰 길이에 따른 연산량 비교

빅버드는 셀프 어텐션을 개선해서 시간복잡도를 줄였다. 절대적인 연산 시간을 줄인 것이 아니라 토큰 길이에 따른 연산 시간의 증가량을 개선시킨 것이다. 트랜스포머 버전 4.18에서 지원하고 있는 BigBird 모델을 이용해서 토큰 길이에 따른 연산량을 비교해 보자.

토큰 길이	RoBERTa	BigBird
32	0.0467	0.0861
64	0.0669	0.1085
128	0.1107	0.1168
256	0.2105	0.2307
512	0.4450	0.4765

표 4.5 빅버드와 RoBERTa의 토큰 길이에 따른 지연 시간

표 4.5를 보면 토큰 길이가 32에서 두 배씩 늘어나서 512까지 증가할 동안 RoBERTa의 지연 시간은 약 9.5배 늘어난 것에 비해 빅버드의 지연 시간은 약 5.5배 늘어났다. 표 4.5는 이 책의 리포지토리의 chapter4/bigbird-latency.py를 통해 계산한 결과이다.

4.9. 리포머

셀프 어텐션을 기반으로 모델이 우수한 성능을 보여주지만 연산량이나 메모리 사용량 측면에서는 비효율적이다. 2020년에 구글에서 이 문제를 해결하기 위해서 리포머 트랜스포머Reformer Transformer라는 모델에 대한 논문을 발표했다.

4.9.1. 트랜스포머 구조의 문제점

이 논문에서는 기존의 트랜스포머 구조에 대해서 블록 4.20과 같이 3가지 문제점을 지적한다.

> **블록 4.20: 기존 트랜스포머 기반의 모델이 갖는 문제점**
> 문제점1: N개의 레이어를 갖는 모델을 학습할 때 단일 레이어의 모델을 학습할 때 보다 많은 메모리가 필요하다.
> 문제점2: 피드포워드 네트워크에서 사용하는 히든 레이어의 차원수는 보통 매우 크기 때문에 많은 양의 메모리를 사용한다.
> 문제점3: 길이가 L인 시퀀스에 대해서 어텐션을 수행할 때 시간/공간 복잡도가 모두 $O(L^2)$이다.

블록 4.20에서 이야기한 문제점에 대해서 조금 더 자세하게 알아보자.

우선 첫 번째 문제점은 모델을 학습할 때 많은 메모리가 필요하다는 것이다. 그 이유는 N개의 레이어를 갖는 모델을 학습시킬 때 활성화 함수의 값을 N계층에 대해서 모두 저장해야 하기 때문이다. 모델을 학습하는 과정에서의 핵심 연산 과정은 역전파back-propagation 연산이다. 활성화 함수가 softmax일 경우를 생각해보자. softmax 함수를 미분한 값은 softmax 함수로 표현할 수 있다.

$$f(x) = \frac{1}{1 + e^{-x}}$$
$$f'(x) = f(x)(1 - f(x))$$

수식 4.2 softmax 함수의 미분

활성화 함수가 softmax인 경우 역전파 과정에서 softmax를 미분한 값이 필요하다. 왜 softmax를 미분한 값이 필요한지는 수식 4.3을 참고하면 된다.

$$Loss = \frac{1}{2}(y - \hat{y})^2$$

$$\hat{y} = Out(z) = \frac{1}{1 + e^{-z}}$$

$$z = w_1 x_1 + w_2 x_2 + \ldots + w_n x_n$$

$$\frac{dLoss}{dw} = \frac{dLoss}{dOut}\frac{dOut}{dz}\frac{dz}{dw} \ \ldots \ ①$$

수식 ①에서 $\dfrac{dOut}{dz} = Out'(z)$이고 $Out'(z)$는 $Out(z)(1 - Out(z))$로 치환 가능함

수식 4.3 역전파 연산 예시

수식 4.2를 보면 softmax 함수를 미분한 값은 softmax 값으로 표현이 가능하다. 따라서 역전파를 하는 과정에서 softmax의 미분값이 필요할 경우 softmax 함수의 연산값을 이용하게 된다. 이 과정에서 각 레이어마다 활성화 함수의 값을 저장하게 된다. BERT의 경우 트랜스포머 레이어 12개를 가지고 있다. 그렇다면 BERT를 학습하는 과정에서 각 레이어마다 활성화 함수의 출력 값을 메모리에 저장해둬야 BERT를 역전파하면서 학습할 수 있다. 이 과정은 모델을 학습하는 과정에서 메모리 사용 측면에서 비효율적이다.

두 번째 문제점은 피드포워드 네트워크에서 사용하는 히든 레이어의 차원수가 너무 크다는 것이다. 이는 연산량과 메모리 사용량 모두 문제가 된다. BERT의 경우 3072부터 4096까지 사용한다. 이 과정에서 많은 양의 메모리가 사용된다는 것이다. BERT의 경우 레이어가 12개로 이뤄져 있으므로 3072나 4096 사이즈로 구성된 피드포워드

네트워크가 12개나 있다는 뜻이다.

마지막 세 번째 문제점은 어텐션 연산에 대한 시간 및 공간복잡도가 모두 $O(L^2)$나 된다는 것이다. 여기에서 L은 시퀀스의 길이이다. BERT에서 사용하는 어텐션의 경우 시퀀스를 이루는 모든 토큰들끼리 어텐션을 계산한다. 따라서 L이 4배 길어지면 어텐션 연산에 필요한 시간과 공간의 복잡도는 16배로 늘어난다. 따라서 모델을 학습할 때 시퀀스의 길이에 대한 제약을 많이 받을 수밖에 없고 이는 모델의 성능에도 영향을 미친다.

리포머에서는 이와 같은 세 가지 문제점을 어떻게 개선했는지 다음 절을 통해서 알아보자.

4.9.2. LSH 어텐션

리포머에서는 LSH^{Locality Sensitive Hashing} 어텐션을 사용한다. 기존의 트랜스포머 구조의 경우 쿼리와 키 간의 어텐션을 계산할 때 서로의 유사도를 따지지 않고 모두 계산했다.

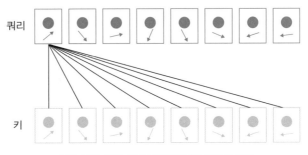

그림 4.21 기존 트랜스포머에서의 어텐션 계산

그림 4.21을 보면 하나의 쿼리에 대해서 모든 키에 대해서 어텐션을 계산하는 것을 볼 수 있다. 리포머에서는 가까운 어텐션끼리만 어텐션을 계산하도록 쿼리와 키간의 유사도를 측정한다. 이 때 유사도를 측정하는 방식이 LSH이다. LSH의 핵심 아이디어는 하나의 벡터 x에 대해서 이와 유사한 벡터 y가 있다면 x의 해시 값과 y의 해시

값이 같을 확률이 높다는 것이다. 그림 4.22를 보자.

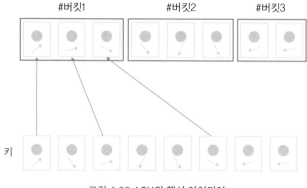

그림 4.22 LSH의 핵심 아이디어

그림 4.22를 보면 비슷한 방향을 가진 벡터끼리 하나의 버킷으로 묶여있다. 리포머 논문에서는 비슷한 버킷으로 묶는 해싱 기법으로 앵귤러 LSH를 사용했다. 앵귤러 LSH는 마치 룰렛을 돌리듯 두 벡터의 각도를 유지한 상태에서 임의로 회전시켜서 버킷을 정하는 것이다.

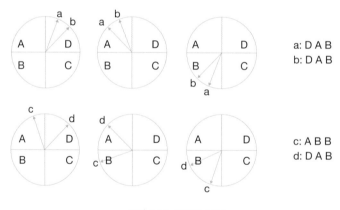

그림 4.23 앵귤러 LSH

그림 4.23에서 a, b 벡터는 서로 유사한 벡터이고, c, d 벡터는 서로 유사하지 않은 벡터이다. 각 벡터를 그림 4.23과 같이 룰렛을 돌리는 것과 같이 랜덤으로 돌렸을 경우 서로 비슷한 벡터인 a와 b 벡터의 경우 D, A, B 영역으로 같은 버킷으로 묶이게

된다. 하지만 c와 d 벡터와 같이 서로 유사도가 적은 벡터를 룰렛으로 돌리면 두 벡터는 서로 다른 버킷으로 묶이게 된다. LSH 어텐션은 서로 같은 버킷으로 묶인 벡터끼리 어텐션을 계산한다.

LSH를 이용한 어텐션을 그림을 통해 이해해보자.

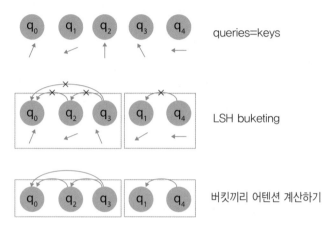

그림 4.24 LSH를 이용한 어텐션 계산하기

그림 4.24를 보면 쿼리와 키를 같은 값으로 두고 있다. 트랜스포머 구조에서의 어텐션은 셀프 어텐션이다. 리포머에서 사용하고 있는 어텐션 역시 셀프 어텐션이기 때문에 쿼리와 키를 같은 값으로 두고 계산했다. q0부터 q4까지의 쿼리 벡터의 방향성을 보자. q0, q2 그리고 q3이 윗쪽 방향을 가리키는 벡터로 서로 유사하다는 것을 알 수 있고, q1, q4가 왼쪽 방향을 가리키는 서로 유사한 벡터임을 알 수 있다. 따라서 (q0, q2, q3)이 한 버킷이고 (q1, q4)가 또 다른 한 버킷이다. 이 과정은 엥귤러 LSH에서의 랜덤으로 룰렛을 돌리는 방식으로 결정된다. 그리고 같은 버킷에 속한 벡터들끼리 어텐션을 계산하게 된다.

여기서 끝이 아니다. 이 어텐션 계산을 청크^{chunk} 단위로 묶어서 수행한다.

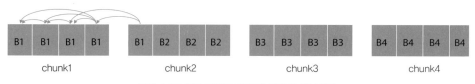

그림 4.25 청크 단위로 묶어서 어텐션 계산하기

그림 4.25는 청크 단위로 묶어서 어텐션을 계산하는 과정을 보여준다. 그림 4.25에서 B1, B2, B3, B4는 벡터가 속하는 버킷 번호를 나타낸다. 청크1은 버킷 번호 1인 벡터들로만 구성돼 있고, 청크2는 버킷 번호1과 2로 구성돼 있다. 이렇게 청크 단위로 묶어서 같은 청크와 바로 전 청크끼리만 어텐션을 계산한다. 이렇게 하면 GPU상에서 연산을 분산으로 할 수 있다.

4.9.3. Reversible 트랜스포머

4.9.1절에서 설명한 기존 트랜스포머의 문제점 중 첫 번째 문제는 Reversible 트랜스포머를 통해서 해결했다. 기존의 트랜스포머 모델은 모델의 학습을 진행할 때 N개의 트랜스포머 레이어가 있을 경우 N개의 활성화 함수 결과를 저장해야 하는 문제점을 가지고 있었다. 역전파 연산을 하는 과정에서 활성화 함수의 미분값을 계산할 때 softmax 결과 값이 필요하기 때문이다. 수식 4.2와 수식 4.3을 참고하라.

리포머 논문에서는 이 문제를 해결하기 위해서 활성화 함수 값을 메모리에 저장하지 않고 계산해서 쓸 수 있는 RevNet을 응용해서 Reversible 트랜스포머를 제안했다. 우선, RevNet을 먼저 살펴보자. RevNet은 ResNet을 학습할 때 활성화 함수의 값을 저장해야 한다는 문제점을 해결하기 위해서 제안됐다.

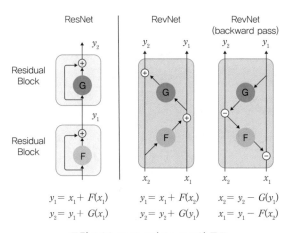

ResNet

Residual
Block

Residual
Block

RevNet

RevNet
(backward pass)

$$y_1 = x_1 + F(x_1)$$
$$y_2 = y_1 + G(x_1)$$

$$y_1 = x_1 + F(x_2)$$
$$y_2 = y_2 + G(y_1)$$

$$x_2 = y_2 - G(y_1)$$
$$x_1 = y_1 - F(x_2)$$

그림 4.26 ResNet과 RevNet의 구조

참고: https://towardsdatascience.com/illustrating-the-reformer-393575ac6ba0

이 책의 리포지토리에서 chapter4/reformer.ipynb를 보면 코드 4.21과 같이 간단하게 RevNet의 연산을 검증한 코드가 있다.

코드 4.21 RevNet 연산 검증

```
>>> x1 = torch.rand((3, 3))
>>> x2 = torch.rand((3, 3))
>>> x1, x2
x1, x2
x1, x2
(tensor([[0.7386, 0.9690, 0.3168],
        [0.1200, 0.2633, 0.3560],
        [0.7594, 0.8729, 0.0847]]),
 tensor([[0.2724, 0.2673, 0.1191],
        [0.3291, 0.4657, 0.3513],
        [0.1449, 0.0705, 0.1540]]))
>>> f = nn.Linear(3, 3)
>>> g = nn.Linear(3, 3)
>>> y1 = x1 + f(x2)
>>> y2 = x2 + g(y1)
>>> r2 = y2 - g(y1)
>>> r1 = y1 - f(r2)
>>> r1, r2
(tensor([[0.7386, 0.9690, 0.3168],
        [0.1200, 0.2633, 0.3560],
        [0.7594, 0.8729, 0.0847]], grad_fn=<SubBackward0>),
```

```
tensor([[0.2724, 0.2673, 0.1191],
        [0.3291, 0.4657, 0.3513],
        [0.1449, 0.0705, 0.1540]], grad_fn=<SubBackward0>))
```

코드 4.21에서 보면 **y1**과 **y2**만을 가지고 **r1, r2**를 만들었는데, 그 값이 **x1, x2**와
일치한다. Reversible 트랜스포머에서는 f를 피드포워드 함수로 두고 g를 어텐션 함
수로 바꿨다. 이로써 N개의 레이어를 갖는 리포머 구조를 학습할 때 활성화 함수의
값을 저장하지 않고 만들어서 사용할 수 있게 됐고, 활성화 함수를 저장하는 데 필요
한 메모리의 양을 없앨 수 있게 됐다.

그러나 여전히 메모리 사용량은 많다. 보통 트랜스포머 구조 안에 있는 피드포워드
네트워크의 히든 사이즈 크기가 크게는 4096까지도 커질 수 있기 때문이다. 다행히
도 이 연산은 선형 연산이기 때문에 청크 단위로 나눠서 연산해도 완전히 동일한 결
과를 얻을 수 있게 된다. 청크 단위로 나눠서 연산을 할 경우, 각 청크에서 피드포워
드 연산을 할 때 메모리 사용량을 줄일 수 있다.

리포머 모델을 사용한 컴퓨팅 연산 성능을 간략하게 알아보기 위해서 이 책의 레포지
토리에 있는 chapter4/reformer.ipynb에서 시퀀스 길이를 두 배씩 증가시키고 배치
사이즈를 절반씩 줄여가며 실행 속도 성능을 측정했다.

코드 4.22 리포머 모델 실행 속도 측정

```
for _ in range(6):
    inputs = make_random_inputs(batch_size, sequence_length)

    start = time.time()
    o = model(inputs)
    end = time.time()

    print(f'{end-start:.2f} seconds for input size of({batch_size},{sequence_
length})')

    batch_size = batch_size // 2
    sequence_length = sequence_length * 2
```

코드 4.22를 수행하면 블록 4.21과 같은 결과를 얻는다.

기존의 $O(L^2)$ 시간 복잡도를 가진 어텐션이라면 배치 사이즈가 1/2로 줄어든다고 하더라도 시퀀스 길이가 늘어나면 시간은 제곱으로 늘어야 하지만 블록 4.21을 보면 시퀀스 길이가 증가할 때마다 상대적으로 조금씩 실행 속도가 증가한다는 것을 알 수 있다.

4.10. GLUE 데이터셋

NLP 모델을 평가하기 위한 데이터셋 중에서 가장 많이 사용되는 데이터셋으로는 GLUE를 들 수 있다. GLUE는 General Language Understanding Evaluation의 약자이다. 언어 능력을 평가할 때는 글의 핵심을 파악하는 능력, 문맥의 순서를 파악하는 능력 등 여러 가지 평가 기준이 있다. GLUE는 9개의 서브태스크로 언어 모델의 성능을 평가한다. 9개의 서브태스크는 CoLA, SST-2, MRPC, QQP, STS-B, MNLI, QNLI, RTE, WNLI인데, 이 서브태스크들은 단일 문장 또는 문장 쌍들로 구성돼 있다. 이 절에서는 각각의 데이터셋이 어떤 문제들로 구성돼 있는지에 대해서 알아보자.

4.10.1. CoLA

CoLA는 Corpus of Linguistic Acceptability의 약자로 영어 문장의 문법적인 수용성을 평가하는 데이터셋이다. 0은 문법적으로 수용되지 않는 문장, 1은 문법적으로 수용되는 문장을 의미한다. CoLA 데이터셋의 레이블은 균형 잡혀 있지 않는 Unbalanced Classification Data이다. 평가할 때 사용되는 스코어는 Matthew Correlation Coefficient를 사용한다.

블록 4.22: CoLA 데이터셋 예시

```
# label=0
They drank the pub.
The professor talked us.


# label=1
They drank the pub dry.
The professor talked us into a stupor.
We yelled ourselves hoarse.
```

4.10.2. SST-2 데이터셋

SST는 Stanford Sentiment Treebank 데이터셋의 약자로 영화 리뷰에 대한 사람의 감정을 positive/negative로 나눈 데이터셋이다. SST-2는 accuracy를 통해 평가된다.

블록 4.23: STT-2 데이터셋 예시

```
# negative=0
remains utterly satisfied to remain the same throughout
on the worst revenge-of-the-nerds clichés the filmmakers could dredge up
that 's far too tragic to merit such superficial treatment
```

positive=1
demonstrates that the director of such hollywood blockbusters as patriot games can still turn out a small , personal film with an emotional wallop .
of saucy

4.10.3. MRPC

MRPC^{Microsoft Research Paraphrase Corpus}는 마이크로소프트에서 공개한 문장 쌍 데이터셋으로 온라인 뉴스로부터 자동으로 수집된다. 이 데이터셋은 문장 쌍으로 돼 있는데 두 문장의 의미가 같은지 다른지를 0과 1로 판단한다. 이 데이터셋에 대한 평가는 accuracy와 F1 스코어로 측정한다.

블록 4.24: MRPC 데이터셋 예시

\# not_same=0

sentence_A: Around 0335 GMT , Tab shares were up 19 cents , or 4.4 % , at A $ 4.56 , having earlier set a record high of A $ 4.57 .

sentence_B: Tab shares jumped 20 cents , or 4.6 % , to set a record closing high at A $ 4.57 .

sentence_A: Yucaipa owned Dominick 's before selling the chain to Safeway in 1998 for $ 2.5 billion .

sentence_B: Yucaipa bought Dominick 's in 1995 for $ 693 million and sold it to Safeway for $ 1.8 billion in 1998 .

\# same=1

sentence_A: Amrozi accused his brother , whom he called " the witness " , of deliberately distorting his evidence .

sentence_B: Referring to him as only " the witness " , Amrozi accused his brother of deliberately distorting his evidence .

sentence_A: They had published an advertisement on the Internet on June 10 , offering the cargo for sale , he added .

sentence_B: On June 10 , the ship 's owners had published an advertisement on the Internet, offering the explosives for sale .

4.10.4. QQP

QQP는 Quora로부터 확보한 질문을 쌍으로 연결해 둔 데이터셋이다. Quora는 네이버 지식인과 비슷한 질의응답 웹사이트이다. Quora에는 중복된 질문이 많이 올라온다. QQP는 질문을 쌍으로 연결해서 중복된 질문인지 그렇지 않은지를 0과 1로 구분한 데이터셋으로 이 데이터셋에 대한 평가는 accuracy와 F1 스코어로 측정한다.

블록 4.25: QQP 데이터셋 예시

```
# same questions
question_A: How do I control my horny emotions?
question_B: How do you control your horniness?


question_A: What can one do after MBBS?
question_B: What do i do after my MBBS ?


# not same questions
question_A: How is the life of a math student? Could you describe your own experiences?
question_B: Which level of prepration is enough for the exam jlpt5?


question_A: What causes stool color to change to yellow?
question_B: What can cause stool to come out as little balls?


question_A: Where can I find a power outlet for my laptop at Melbourne Airport?
question_B: Would a second airport in Sydney, Australia be needed if a high-speed rail link was
created between Melbourne and Sydney?
```

4.10.5. STS-B

STS-B는 Semantic Textual Similarity Benchmark의 약자로 뉴스, 비디오, 이미지 캡션 등으로부터 추출한 문장 쌍 데이터셋이다. 각 데이터셋은 유사도 스코어를 1부터 5로 구분한 문장 쌍들로 구성돼 있다. 이 데이터셋에 대한 평가는 Pearson and Spearman Correlation Coefficient로 측정한다.

블록 4.26: STS-B 데이터셋 예시

score 0~1
sentence_A: Nokia apologises for 'faked' ad
sentence_B: US waives riders for Pak aid

sentence_A: 20-member parliamentary, trade team leaves for India
sentence_B: Commerce secretary to take leave of absence

sentence_A: Europe shares bounce as more China stimulus seen
sentence_B: Oil prices rise on hopes for stimulus

score 1~2
sentence_A: The man is playing the piano.
sentence_B: The man is playing the guitar.

sentence_A: Deadline passes with no new Iran sanctions
sentence_B: EU Moves Closer to New Iran Sanctions

sentence_A: Taiwan rattled by strong earthquake
sentence_B: China rocked by twin earthquakes

score 2~3
sentence_A: A man is playing on a guitar and singing.
sentence_B: A woman is playing an acoustic guitar and singing.

sentence_A: Norway memorial honours 77 massacre victims

sentence_B: Norway marks anniversary of massacre

sentence_A: Iran says UN nuclear talks will continue

sentence_B: Iran says nuclear talks with UN 'constructive'

score 3~4

sentence_A: A man is playing a flute.

sentence_B: A man is playing a bamboo flute.

sentence_A: Maldives president quits after police mutiny, protests

sentence_B: Maldives president quits after weeks of protest

sentence_A: Myanmar: Opposition claims Suu Kyi win

sentence_B: Voters in Myanmar hopeful as Suu Kyi's party claims win

score 4~5

sentence_A: Some men are fighting.

sentence_B: Two men are fighting.

sentence_A: Syrian forces move to retake Aleppo

sentence_B: Syrian Regime Bids To Retake City Of Aleppo

sentence_A: A woman picks up and holds a baby kangaroo.

sentence_B: A woman picks up and holds a baby kangaroo in her arms.

4.10.6. MNLI

MNLI는 Multi-Genre Natural Language inference의 약자로 가설^{hypothesis}이 전제 premise를 수반^{entailment}하는지, 모순^{contradiction}하는지 또는 중립^{neutral}적인지를 나타내는 데이터셋이다. 전제 데이터셋은 번역된 연설문이나 픽션 또는 정부의 리포트로부터

추출한다. 평가할 때는 accuracy로 측정한다. MNLI는 `matched`와 `mismatched` 데이터셋으로 나뉜다. `matched` 데이터셋은 `in-domain` 데이터셋으로 같은 도메인상에서 생성된 가설/전제 데이터셋이고, `mismatched` 데이터셋은 `cross-domain` 데이터셋으로 서로 다른 도메인의 데이터로부터 가설/전제 데이터셋을 만든 것이다.

블록 4.27: MNLI 데이터셋 예시

\# neutral

sentence_A: Conceptually cream skimming has two basic dimensions – product and geography.

sentence_B: Product and geography are what make cream skimming work.

sentence_A: yeah i tell you what though if you go price some of those tennis shoes i can see why now you know they're getting up in the hundred dollar range

sentence_B: The tennis shoes have a range of prices.

sentence_A: But a few Christian mosaics survive above the apse is the Virgin with the infant Jesus, with the Archangel Gabriel to the right (his companion Michael, to the left, has vanished save for a few feathers from his wings).

sentence_B: Most of the Christian mosaics were destroyed by Muslims.

\# entailment

sentence_A: The joys of deriding portly Austrian burghers in the '60s haven't prevented us from becoming a nation of American fatties.

sentence_B: America is a nation with a lot of over-weight people.

sentence_A: In addition, it carries mail that is sealed against inspection and acts as a watchdog over fraudulent use of the mails.

sentence_B: It also contains measures to prevent mail fraud.

sentence_A: How do you know? All this is their information again.

sentence_B: This information belongs to them.

contradiction

sentence_A: Gays and lesbians.

sentence_B: Heterosexuals.

sentence_A: At the end of Rue des Francs-Bourgeois is what many consider to be the city's most handsome residential square, the Place des Vosges, with its stone and red brick facades.

sentence_B: Place des Vosges is constructed entirely of gray marble.

sentence_A: It has also led to computer security and other information technologyrelated legislation.

sentence_B: It has still not caused any legislation relating to information technology.

4.10.7. QNLI

QNLI는 스탠퍼드 질문/응답 데이터셋으로부터 생성한 데이터셋이다. 문장과 질문을 쌍으로 두고 질문에 대한 응답이 문장 내에 있는지 없는지를 판단하는 데이터셋이다. 이 데이터셋의 평가는 accuracy를 이용한다.

블록 4.28: QNLI 데이터셋 예시

not_entailment

How were the Portuguese expelled from Myanmar? From the 1720s onward, the kingdom was beset with repeated Meithei raids into Upper Myanmar and a nagging rebellion in Lan Na.

Who starred in 'True Love'?   The show starred Ted Danson as Dr. John Becker, a doctor who operated a small practice and was constantly annoyed by his patients, co-workers, friends, and practically everything and everybody else in his world.

Who was elected as the Watch Tower Society's president in January of 1917?

His election was disputed, and members of the Board of Directors accused him of acting in an autocratic and secretive manner.

entailment

When is the term 'German dialects' used in regard to the German language?

When talking about the German language, the term German dialects is only used for the traditional regional varieties.

What was the name of the island the English traded to the Dutch in return for New Amsterdam?

At the end of the Second Anglo-Dutch War, the English gained New Amsterdam (New York) in North America in exchange for Dutch control of Run, an Indonesian island.

What does the word 'customer' properly apply to?　　　　The bill also required rotation of principal maintenance inspectors and stipulated that the word "customer" properly applies to the flying public, not those entities regulated by the FAA.

What did Arsenal consider the yellow and blue colors to be after losing a FA Cup final wearing red and white?　　　　Arsenal then competed in three consecutive FA Cup finals between 1978 and 1980 wearing their "lucky" yellow and blue strip, which remained the club's away strip until the release of a green and navy away kit in 1982–83.

4.10.8. RTE

RTE는 Recognizing Textual Entailment의 약자로 RTE1, RTE2, RTE3, RTE5를 합친 데이터셋이고 뉴스와 위키피디아 텍스트로 이뤄져 있다. 두 문장을 쌍으로 만들어서 그 두 문장이 서로 수반되는 문장인지, 그렇지 않은지를 분류한 데이터셋이다. 레이블이 neutral이거나 not_entailment일 경우에는 not_entailment로 통일한다. 데이터셋의 평가는 accuracy를 이용한다.

블록 4.29

not_entailment

sentence_A: No Weapons of Mass Destruction Found in Iraq Yet.

sentence_B: Weapons of Mass Destruction Found in Iraq.

sentence_A: A man is due in court later charged with the murder 26 years ago of a teenager whose case was the first to be featured on BBC One's Crimewatch. Colette Aram, 16, was walking to her boyfriend's house in Keyworth, Nottinghamshire, on 30 October 1983 when she disappeared. Her body was later found in a field close to her home. Paul Stewart Hutchinson, 50, has been charged with murder and is due before Nottingham magistrates later.

sentence_B: Paul Stewart Hutchinson is accused of having stabbed a girl.

sentence_A: Another French daily newspaper talks about PixVillage.
sentence_B: PixVillage is a French newspaper.

entailment
sentence_A: A place of sorrow, after Pope John Paul II died, became a place of celebration, as Roman Catholic faithful gathered in downtown Chicago to mark the installation of new Pope Benedict XVI.
sentence_B: Pope Benedict XVI is the new leader of the Roman Catholic Church.

sentence_A: Herceptin was already approved to treat the sickest breast cancer patients, and the company said, Monday, it will discuss with federal regulators the possibility of prescribing the drug for more breast cancer patients.
sentence_B: Herceptin can be used to treat breast cancer.

sentence_A: Judie Vivian, chief executive at ProMedica, a medical service company that helps sustain the 2-year-old Vietnam Heart Institute in Ho Chi Minh City (formerly Saigon), said that so far about 1,500 children have received treatment.
sentence_B: The previous name of Ho Chi Minh City was Saigon.

4.10.9. WNLI

WNLI는 Winograd Schema Challenge라는 독해 능력 태스크로부터 생성한 데이터셋이다. Winograd Schema Challenge는 문장에 있는 특정 단어를 가리키는 레퍼런스를 선택지로부터 찾는 문제이다. 예를 들어 블록 4.30을 보자.

they가 the city councilmen을 가리키게 하려면 선택돼야 하는 동사는 "feared"이다. WNLI 데이터셋은 선택지 중에서 feared가 선택되면 entailment로 레이블링하고, advocated가 선택되면 not_entailment로 레이블링해서 만들어졌다. 이 데이터셋의 평가는 accuracy를 이용한다. 이 데이터셋은 레이블상에 문제가 있어서 BERT에서는 평가 시 제외했다.

GLUE 데이터셋은 뉴욕대학교^{NYU}의 자연어 처리 랩^{The Machine Learning for Language Group at NYU CILVR}의 깃허브 리포지토리로부터 다운로드받을 수 있다.

코드 4.23 GLUE 데이터셋 다운로드

```
$ git clone https://github.com/nyu-mll/GLUE-baselines.git
$ cd GLUE-baselines
$ python download_glue_data.py --data_dir glue_data --tasks all
...
```

sentence_A: John was jogging through the park when he saw a man juggling watermelons. He was very impressive.

sentence_B: John was very impressive.

entailment

sentence_A: I stuck a pin through a carrot. When I pulled the pin out, it had a hole.

sentence_B: The carrot had a hole.

sentence_A: John couldn't see the stage with Billy in front of him because he is so short.

sentence_B: John is so short.

sentence_A: The police arrested all of the gang members. They were trying to stop the drug trade in the neighborhood.

sentence_B: The police were trying to stop the drug trade in the neighborhood.

마지막으로 4.9.1부터 4.9.9까지의 GLUE 데이터셋을 표 4.6으로 간단하게 정리해보자.

데이터셋	Train/Dev 데이터셋 개수	Test 데이터셋 개수	평가지표	설명
CoLA	9594	1064	Matthew correlation coefficient	문법적으로 수용되는지 그렇지 않은지 0과 1로 비교함
SST-2	68221	1821	Accuracy	영화 리뷰에 대한 사람의 감정을 긍정/부정으로 나눔
MRPC	4076	1725	Accuracy/F1	두 문장이 같은지 다른지 0과 1로 비교함
QQP	404276	390965	Accuracy/F1	질문이 같은지 다른지 0과 1로 구분함
STS-B	7249	1379	Pearson and Spearman correlation coefficient	두 문장의 유사도를 0부터 5까지 나타냄
MNLI	312702	19643	Accuracy	가설이 전제를 수반하는지 그렇지 않은지 또는 중립인지 구분함
QNLI	110206	5463	Accuracy	질문에 대한 응답이 문장 내에 있는지 없는지를 판단함
RTE	2767	3000	Accuracy	두 문장의 수반됨을 0과 1로 구분함
WNLI	706	146	Accuracy	지시대명사의 모호함을 이용해 문장의 수반됨을 0과 1로 구분함

표 4.6 GLUE 데이터셋 정리

4.10.10. GLUE 데이터셋의 평가 지표

표 4.6에서 보면 GLUE 데이터셋은 9개의 서브 데이터셋으로 이루어져 있고, 각 서브 데이터셋을 평가할 때 사용되는 평가 지표는 다르다. 이번 절에서는 GLUE 데이터셋을 평가하는 평가지표들에 대해서 알아보도록 하자.

우선 SST-2, MRPC, QQP, MNLI, QNLI, RTE, WNLI 서브 데이터셋을 평가하는데 사용하는 Accuracy와 F1 스코어에 대해서 알아보자. Accuracy와 F1 스코어에 대해서 알려면 우선 True Positive, True Negative, False Positive, False Negative의 개념부터 알아야 한다. 분류 문제에 있어서 체점은 크게 맞고 틀린 것으로 나눌 수 있다. 그런데 맞았을 경우를 보면 1을 1이라고 맞춘 것과 0을 0이라고 맞춘 것으로 나눌 수 있다. 마찬가지 원리로 틀렸을 경우를 보면, 0을 1이라고 해서 틀린 경우와 1을 0이라고 해서 틀린 경우로 나눌 수 있다. 표 4.7을 보자.

환자	COVID 자가검사 결과	실제 COVID 감염 여부
둘리	Positive	TRUE
도우너	Positive	TRUE
희동이	Positive	TRUE
고길동	Negative	FALSE
마이클	Positive	FALSE
도치	Negative	TRUE

표 4.7 둘리네 가족 코로나 자가검사 키트 결과와 실제 감염 여부

표 4.7에서 둘리네 가족이 코로나 자가검사 키트를 실시한 결과와 실제 감염 여부를 보여주고 있다. 표 4.7에서 검사 결과가 맞은 사람은 둘리, 도우너, 희동이, 고길동, 공실이 이다. 그중에서 고길동을 제외한 나머지 사람은 검사 결과가 Positive로 나와서 True Positive이다. 반면 고길동은 검사 결과는 맞아서 True이지만 검사 결과가 Negative로 나왔기 때문에 True Negative이다. 마이클과 도치는 검사 결과가 다르게 나왔다. 하지만 두 사람의 경우는 반대의 경우이다. 마이클은 검사 결과가 Positive인데 코로나는 감염되지 않은 경우이고, 도치는 검사 결과가 Negative인데 코로나에 감염된 경우이다. 마이클의 경우 False Positive이고 도치의 경우 False Negative이다.

Accuracy는 전체 데이터 중에서 몇 개나 맞았는지를 확률로 나타낸 것이다. 즉, True Positive와 True Negative를 합친 것을 전체의 데이터 개수로 나눠주면 쉽게 구할 수 있다. 그러나 Accuracy만으로 분류 문제의 성능을 평가하기에는 무리가 있다. Accuracy는 False Positive와 False Negative를 동일한 기준으로 평가한다. 태스크의 경우 False Positive는 용인할 수 있으나 False Negative는 그렇지 못한 경우가 있다. 코로나의 PCR 검사가 대표적이다. 코로나에 걸리지 않았으나 PCR 검사가 양성인 경우 False Positive는 그 사람만 자가 격리를 하면 되기 때문에 큰 문제가 발생하지 않는다. 하지만 코로나에 걸렸는데 PCR 검사가 음성인 경우 False Negative에는 그 사람이 다른 곳에 돌아다님으로 인해서 많은 사람이 코로나에 걸리게 될 수도 있다.

Accuracy의 이러한 단점을 보안하기 위해서 정밀도과 재현율을 계산한다. 수식 4.4는 정밀도와 재현율의 계산 공식을 나타낸다.

$$정밀도 = \frac{True\ Positive}{True\ Positive + False\ Positive}$$

$$재현율 = \frac{True\ Positive}{True\ Positive + False\ Negative}$$

수식 4.4 정밀도과 재현율을 구하는 공식

수식 4.4는 표 4.7을 2x2 메트릭스로 표현하면 조금 더 쉽게 구할 수 있다.

		실제 COVID 감염 여부	
		TRUE	FALSE
COVID 자가검사 결과	Positive	3	1
	Negative	1	1

표 4.8 표 4.7에 대한 혼동 행렬

표 4.8은 표 4.7의 결과를 Positive/Negative와 True/False로 구분해서 2x2 행렬로 표현한 것이다. 이런 행렬을 혼동 행렬confusion matrix이라고 한다. confusion matrix를 구하면 True Positive, True Negative 등의 값을 한 눈에 알 수 있기 때문에 정밀도나

재현율을 구하기 쉽다.

그렇다면 정밀도와 재현율이 모두 좋으면 분류 모델의 성능은 좋은 것인가? 그렇다.
정밀도와 재현율이 모두 충분히 좋으면 분류 모델로서 완벽하다. 하지만 하나의 모
델을 평가할 때 두 개의 지표를 사용하는 것은 좋지 않다. 따라서 F1 스코어를 사용
한다. F1 스코어는 정밀도와 재현율의 조화 평균 값이다. F1 스코어를 구하는 공식은
수식 4.5를 참고하라.

$$F1\,score = \frac{2 \times (정밀도 \times 재현율)}{정밀도 + 재현율}$$

수식 4.5 F1 스코어 공식

GLUE 데이터셋의 경우, SST-2, MNLI, QNLI, RTE, WNLI는 Accuracy를 계산해서
모델을 평가했고, MRPC와 QQP는 F1 스코어도 계산해서 모델의 성능을 평가했다.

그렇다면 모델의 F1 스코어의 단점은 없을까? 예를 들어서 표 4.9와 같은 혼동 행
렬에 대해서 Accuracy와 F1 스코어를 구하면 Accuracy는 0.9700이고, F1 스코어는
0.9847이 된다. 하지만 이는 True Negative와 False Negative의 경우에 대한 고려가
되지 않았다. 그럼에도 불구하고 F1 스코어는 0.9847이라는 높은 값으로 계산된다.
이러한 경우를 해결하기 위해서 메튜 상관 계수^{Matthew correlation coefficient}를 사용한다. 메
튜 상관 계수를 구하는 공식은 수식 4.6을 참고하라.

	TRUE	FALSE
Positive	97	3
Negative	0	0

표 4.9 F1 스코어로 모델의 성능을 잘 표현할 수 없는 혼동 행렬

$$Mattew\,correlation\,coefficient = \frac{TP^* \, TN - FP^* \, FN}{\sqrt{(TP+FP)(TP+FN)(TN+FP)(TN+FN)}}$$

수식 4.6 메튜 상관 계수 공식

수식 4.6을 통해 표 4.9의 메튜 상관 계수를 구하면 분모가 0이기 때문에 0으로 계산된다. 메튜 상관 계수는 −1에서 1까지의 값을 갖는다는 것을 생각하면 좋은 모델이 아니라는 것을 알 수 있다. GLUE 데이터셋에서 CoLA 데이터셋의 경우 메튜 상관 계수를 이용해서 성능을 평가한다.

마지막으로 GLUE 데이터셋의 STS−B 데이터셋을 평가할 때 사용하는 피어슨 상관 계수^{Pearson correlation coefficient}와 스피어맨 상관 계수^{Spearman correlation coefficient}이다. STS−B는 두 문장의 0(유사하지 않을 경우)부터 5(유사할 경우)까지 나타낸 데이터셋으로 회귀 문제와 비슷한 성격의 문제이다. 따라서 상관 계수를 이용해서 모델을 평가한다.

피어슨 상관 계수는 두 변수 간의 선형 관계를 나타내는 계수이다. 쉽게 말해서 x값이 증가할 때 y값은 증가하는 경향인지 감소하는 경향인지 또는 아무런 관계가 없는지를 측정한다. 피어슨 상관 계수는 두 변수 값이 같이 증가하는 경향이면 +1에 가까운 값을 갖고, 하나의 변수가 증가할 때 다른 하나의 변수는 감소하는 경향이라면 −1에 가까운 값을 갖게 된다. 두 변수의 값이 서로 독립적이라면 0에 가까운 값을 갖게 된다. 여기에서 중요한 점은 피어슨 상관 계수는 선형 관계를 나타내기 때문에 하나의 변수 값이 증가한 만큼 다른 변수의 값도 일정 비율로 증가하기를 기대한다. 코드 4.24를 보면 x1과 y1의 관계는 완벽한 선형 관계이기 때문에 피어슨 상관 계수가 1이지만, x2와 y2의 관계는 선형 관계가 완벽하지 않기 때문에 상관 계수가 1이 아닌 0.9761을 갖는다.

코드 4.24 피어슨 상관 계수 예시

```
>>> from scipy import stats
>>> x1 = [1,2,3,4,5]
>>> y1 = [2,4,6,8,10]
>>> stats.pearsonr(x1, y1)
(1.0, 0.0)
>>> x2 = [1,2,3,4,5]
>>> y2 = [2,5,6,7,10]
>>> stats.pearsonr(x2, y2)
(0.9761870601839527, 0.004395375691816565)
```

스피어맨 상관 계수 역시 두 변수 간의 관계를 +1과 −1 사이에 나타내며, +1에 가까울수록 두 변수는 같이 증가하는 경향을 보인다는 뜻이고, −1에 가까울수록 두 변수는 서로 반대 방향으로 변하는 경향을 갖고 있다는 뜻이다. 그렇지만 스피어맨 상관 계수는 두 변수가 선형 관계임을 기대하지 않는다. 즉, 하나의 변수가 증가했을때 다른 변수가 증가만 하면 되지 굳이 같은 비율로 증가할 필요가 없다는 것이다. 코드 4.25를 참고하라.

코드 4.25 스피어맨 상관 계수 예시

```
>>> from scipy import stats
>>> x1 = [1,2,3,4,5]
>>> y1 = [2,4,6,8,10]
>>> stats.pearsonr(x1, y1)
(0.9999999999999999, 1.4042654220543672e-24)
>>> x2 = [1,2,3,4,5]
>>> y2 = [2,5,6,7,10]
>>> stats.spearmanr(x2, y2)
(0.9999999999999999, 1.4042654220543672e-24)
```

코드 4.25에서 0.9999999999999999로 나온 값은 소수점 연산으로 인한 오차이므로 1이라고 해도 무방하다. (x1, y1)과 (x2, y2)가 모두 한 값이 증가할 때 다른 값이 증가하므로 스피어맨 상관 계수는 +1로 동일하다.

4장에서는 BERT의 사전 학습과 파인튜닝 과정을 자세하게 알아봤고 BERT 이후에 발표된 모델들에 대해서도 공부해봤다. 그리고 언어 모델을 평가하는데 널리 사용되는 GLUE 데이터셋에 대해서도 알아봤다. GLUE 데이터셋은 여러 개의 서브 데이터셋으로 이루어져 있으며 각 서브 데이터셋을 평가하는 방법에 대해서도 알아봤다. 다음 장에서는 자연어 처리에서의 메타러닝에 대해서 알아보자.

4장에서 BERT의 구조와 학습 방법에 대해서 자세하게 알아봤다. 또한 BERT 이후에는 어떤 모델이 나왔는지(RoBERTa, ALBERT, ELECTRA)에 대해서도 알아봤다. 4장에서 알아본 모든 모델들이 기본적으로 Transformer를 기반으로 하고 있다. 2018년 이후의 모든 언어 모델은 기본적으로 Transformer 구조를 내부적으로 갖고 있다.

Transformer를 기반으로 RoBERTa는 사이즈를 키우고 불필요한 학습(NSP)을 없애서 성능을 높였고, ALBERT는 모델의 크기를 줄였고, ELECTRA는 모델의 학습 시간을 단축했다. 같은 기반 기술을 갖고 관점을 달리해서 서로 다른 언어 모델을 사전 학습한 것이다. 또한 DistilBERT, BigBird, Reformer 등에서는 트랜스포머 모델의 연산 효율을 높이기 위한 연구를 했다.

2018년 이후의 NLP 연구의 가장 큰 발전은 언어 모델 자체에 대한 발전이다. 어텐션 네트워크를 통해서 언어 모델이 굉장히 일반화된 학습을 할 수 있었고, 그렇게 학습한 모델을 task-specific한 모델로 파인튜닝하는 것이 공식화됐다.

5장

어떻게 배우지? 메타러닝

엄마, 아빠는 말을 배우는 윤우에게 조금씩 어려운 말을 알려주고 싶었다.

엄마: 윤우야, 엄마 이름은 XXX야. 아빠 이름은 OOO야. 윤우 이름은 뭐야?

윤우: 윤우예요.

아빠: 윤우야, 아빠는 xx살이고, 엄마는 xx살이야. 윤우는 몇 살이야?

윤우: 세 살이에요.

2018년부터 2020년까지의 거의 모든 언어 모델은 Transformer 기반의 모델이었다. 이 언어 모델들은 사전 학습돼서 사전 학습된 모델의 형태로 존재한다. 사전 학습된 모델은 파인튜닝 학습을 통해서 다양한 형태의 자연어 처리 모델로 학습될 수 있다. 이때 파인튜닝을 위한 학습 데이터가 필요하다. 파인튜닝은 이미 학습된 상태에서 추가적으로 하는 학습이기 때문에 학습 데이터가 상대적으로 적어도 된다는 것이 장점이다. 하지만 여전히 데이터셋을 준비하는 것은 성가신 일이다. 현업에서 자연어 처리 모델을 만들 때 현업의 특성에 맞는 잘 분포된 데이터를 얻기 힘들다.

2019년 2월에 OpenAI에서 GPT2를 발표했다. 논문의 제목은 "Language Models are Unsupervised Multitask Learners"이다. 이 논문에서 파인튜닝을 통한 접근법은 잘 일반화된 모델을 만들기 힘들다고 이야기하고 있다.

> | 인용 1 |
>
> **논문 Language Models are Unsupervised Multitask Learners 인용**
>
> Our suspicion is that the prevalence of single task training on single domain datasets is a major contributor to the lack of generalization observed in current systems... (중략) ... Multitask learning (Caruana, 1997) is a promising framework for improving general performance
>
> 현재의 시스템상에서 발견되는 일반화의 부족은 단일 테스크 학습을 위한 단일 도메인 데이터셋 때문일 것이라고 추측했다 ... 멀티테스크 학습을 통해서 일반화 성능을 향상시켰다.

인용 1에서는 하나의 도메인으로 이뤄진 데이터셋에서 하나의 태스크를 학습하기 때문에 일반화가 잘 안 된다고 이야기하고 있다. 따라서 이의 해결을 위해 다양한 태스크multitask를 학습할 필요가 있다고 한다. GPT2에서는 다양한 도메인에서의 학습이 zero-shot 세팅을 통해 진행됐다. zero-shot 세팅에 대한 구체적인 구현 방법은 OpenAI에서 공개하지 않았기 때문에 5장에서 다루지 않으려고 한다. 5장에서는 NLP에서의 메타러닝Meta Learning을 공부해 보고, 간단한 코드를 통해서도 살펴보고자 한다.

5.1. 학습을 위한 학습, 메타러닝

세상의 모든 데이터를 포함하고 있는 데이터가 있을까? 그런 데이터는 존재하지 않는다. 가령 컴퓨터 비전 분야의 연구에서 가장 많이 사용되고 있는 데이터셋으로

IMAGENET이 있다. 이 IMAGENET은 약 1,400만 개의 데이터셋을 1,000개의 클래스로 분류하고 있는 데이터셋이다. 그렇다면 이 데이터셋이 전 세계의 모든 이미지를 분류할 수 있을 만큼 다양할까? 그렇지 않다.

예를 들어 보자. 사용자가 올리는 이미지를 AI 모델을 이용해서 자동으로 분류하는 모델로 서비스를 하고 있는 중고 거래 사이트가 있다고 해보자. 이 사이트는 2000년도부터 운영돼 왔는데 2010년에 스마트폰이 등장하면서 사람들이 서로의 스마트폰을 중고 거래 사이트를 통해서 거래하기 시작했다고 하자.

이 중고 거래 사이트가 처음 운영되기 시작한 2000년도에 학습된 모델은 스마트폰에 대해 한 번도 학습한 적이 없었을 것이다. 따라서 스마트폰을 Phone이라는 카테고리로 분류할 수 없을 것이다. 그렇다면 스마트폰 이미지만 따로 모아 스마트폰을 분류할 수 있는 모델을 새로 만들어서 서비스하면 된다. 그런데 스마트폰 이미지를 모아 일일이 레이블링하는 과정은 매우 지루하다. 더욱이 스마트폰과 같이 기존에는 없었던 형태의 물건은 언제든지 나올 수 있는데 그때마다 데이터셋을 새로 모아 레이블링하는 것은 매우 비효율적이다.

이 문제를 해결할 수 있는 방법이 바로 메타러닝이다. 일반적인 머신러닝에서의 학습과 메타러닝을 이미지를 통해서 간단하게 설명해 보면 그림 5.1과 같다.

그림 5.1 머신러닝과 메타러닝에서의 학습/평가 데이터셋 구성 차이

그림 5.1에서 전통적인 머신러닝의 학습과 평가 데이터셋을 보면 같은 클래스의 데이터로 구성돼 있다. 학습에서도 전화기/컵 데이터셋을 사용하고, 평가에서도 전화기/컵 데이터셋을 사용한다. 메타러닝에서는 학습과 테스트를 할 때 데이터셋을 구성하는 클래스가 다르다. 예를 들어 학습할 때 전화기/컵 데이터셋, 공/막대기 데이터셋과 같이 서로 다른 구성의 학습 데이터셋을 사용한다. 테스트할 때 역시 쥐/늑대와 같이 전혀 다른 클래스의 데이터를 이용해서 학습한다.

메타러닝은 학습법을 학습하는 것이라고 소개된다. 그림 5.1에서와 같이 전화기/컵, 공/막대기와 같이 서로 다른 구성의 학습 데이터를 이용해서 구분할 줄 알도록 모델을 학습할 경우 전혀 새로운 데이터셋인 자전거/의자와 같은 데이터가 입력으로 들어와도 그 둘을 구분해낼 수 있게 된다.

이 절에서 사용한 중고 거래 사이트 예시로 돌아가 보자. 모델을 처음 만들 때 메타러닝을 고려해서 만들었다면 2010년도에 스마트폰이 나온 후에 추가적인 학습을 하지 않아도 된다. 간단하게 스마트폰 사진 몇 장과 스마트폰이 아닌 다른 클래스의 사진 몇 장을 모델에 입력으로 넣어주면 스마트폰인지 아닌지 구분할 수 있게 된다. 그림 5.2를 보자.

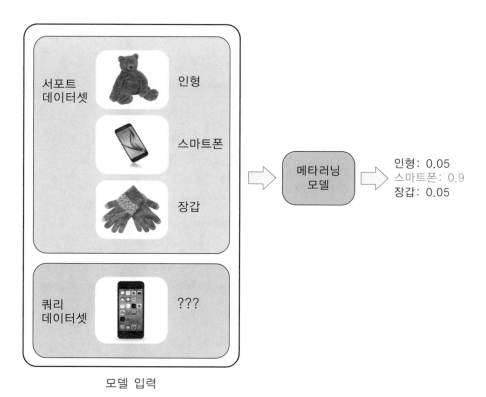

그림 5.2 서포트 데이터셋과 쿼리 데이터셋을 이용한 메타러닝 모델 동작 구조

스마트폰에 대한 학습이 전혀 진행되지 않았어도 그림 5.2와 같이 스마트폰을 분류할 수 있다. 그림 5.2의 모델은 메타러닝 기법을 이용해서 학습된 모델이기 때문에 서로 다른 클래스로 구성된 이미지셋을 입력으로 넣었을 경우 같은 분류의 클래스끼리 묶어줄 수 있다. 서로 다른 클래스의 이미지를 구분할 수 있는 능력을 학습한 모델인 셈이다. 그래서 메타러닝은 학습법을 학습하는 것이라고 정의하기도 한다.

메타러닝은 쉽지 않다. 특히 자연어 처리 영역에서 메타러닝은 GPT2나 GPT3을 제외하고는 크게 주목받은 연구가 없었다. 이번 절에서는 메타러닝 개념을 우리의 생활에 친숙한 예제를 통해서 알아봤다. 다음 절에서는 코드를 통해서 메타러닝을 공부해보자.

5.2. 메타러닝을 이용한 Amazon 리뷰 감정 분류 학습하기

이번 절에서는 메타러닝을 이용해서 Amazon 리뷰 데이터셋에 대한 감정 분류 모델을 학습해 보려고 한다. Amazon 리뷰 데이터셋에는 Amazon에서 판매하는 물품을 종류별로 구분한 후 각 종류별로 긍정을 나타내는 후기 또는 부정을 나타내는 후기가 모아져 있다. 이 데이터셋은 23개의 물품 리스트에 대한 데이터를 갖고 있다. 블록 5.1을 보자.

블록 5.1: Amazon 리뷰 데이터셋에 있는 23개의 물품 리스트

apparel, automotive, baby, beauty, camera_photo, cell_phones_service, computer_video_games, health_personal_care, magazines, music, software, sports_outdoors, toys_games, video, books, dvd, electronics, kitchen_housewares, grocery, office_products, outdoor_living, gourmet_food, jewelry_watches

각 물품들에 대해서 *.train, *.dev, *.test 형태로 저장돼 있다. 예를 들어 `tools_hardware`에 대한 데이터셋은 블록 5.2와 같이 `train`, `dev`, `test`셋으로 나뉘어 있다. 그리고 각 데이터셋에는 리뷰 데이터가 자연어 형태로 있고, 각 데이터는 1(positive)과 −1(negative)로 레이블링돼 있다.

블록 5.2: Amazon 리뷰 데이터셋 샘플

```
$ ls -al music*
-rw-r--r-- 1 jinki.lee 197121  582081 Jun 22 06:06 music.t2.dev
-rw-r--r-- 1 jinki.lee 197121  540374 Jun 22 06:06 music.t2.test
-rw-r--r-- 1 jinki.lee 197121 4305997 Jun 22 06:06 music.t2.train
-rw-r--r-- 1 jinki.lee 197121  547120 Jun 22 06:06 music.t4.dev
-rw-r--r-- 1 jinki.lee 197121  532385 Jun 22 06:06 music.t4.test
-rw-r--r-- 1 jinki.lee 197121 4433350 Jun 22 06:06 music.t4.train
-rw-r--r-- 1 jinki.lee 197121  529862 Jun 22 06:06 music.t5.dev
-rw-r--r-- 1 jinki.lee 197121  570753 Jun 22 06:06 music.t5.test
-rw-r--r-- 1 jinki.lee 197121 4365953 Jun 22 06:06 music.t5.train
```

```
-rw-r--r-- 1 jinki.lee 197121    5132 Jun 22 06:06 musical_instruments.t2.dev
-rw-r--r-- 1 jinki.lee 197121    4377 Jun 22 06:06 musical_instruments.t2.test
-rw-r--r-- 1 jinki.lee 197121   40297 Jun 22 06:06 musical_instruments.t2.train
-rw-r--r-- 1 jinki.lee 197121    2977 Jun 22 06:06 musical_instruments.t4.dev
-rw-r--r-- 1 jinki.lee 197121    1936 Jun 22 06:06 musical_instruments.t4.test
-rw-r--r-- 1 jinki.lee 197121   29526 Jun 22 06:06 musical_instruments.t4.train
-rw-r--r-- 1 jinki.lee 197121    3519 Jun 22 06:06 musical_instruments.t5.dev
-rw-r--r-- 1 jinki.lee 197121    3475 Jun 22 06:06 musical_instruments.t5.test
-rw-r--r-- 1 jinki.lee 197121   33576 Jun 22 06:06 musical_instruments.t5.train
```

$ cat music.t5.dev

...

this jewel first cd i enjoyed it especially foolish games you meant me . i can't wait her latest
-1

its pretty good mix , good song choices , its mostly harder mix , thought it could smoother flowing though , but all all its pretty good , also thought robot walk party deal woulda made better begining , it lot down time during middle cd , but hey people gotta switch it up now then , like last 3/4s better ... 1

live alive good enough buy my standered ..... i really think this recorded poorly but songs it really good if you play it your car , or bigger speakers so you really hear everything much better . their many good songs included this complination live performence spanning performences montreux jazz festival , austin opera house , dallas starfest . this recordings all 85-through 86 . jimmie vaughan appears willie wimp , love struck baby , look little sister , change it playing guitar , string bass . i think worst song entire complination voodoo chile(slight return) which kind weird me say because i think truly best song stevie ray played live but this case its not . other than i really think what it it average live performence .   -1

pretty big comedy fan thanks xm radio , i listened lot comics i own lot comic cd (mitch hedberg , bill hicks , emo philips , lewis black , steven wright , pablo francisco etc .) my absolute favorite unprotected . there not slow part this cd it never fails bring everyone tears long car ride . his quick merciless wit better than any other comic us . his family must very understanding since he doesn't hesitate include every detail their personal lives his act , but it all serves create punchline we all relate . highlights this cd his daughter boyfriend guidelines resuming sex after heart attack . i highly highly reccomend this   1

only 6 weeks , this cd certified gold riaa !!!!! i really love this cd , my favorite songs : step upthe
party just begunstrutcherish momentamigas cheetahsand others cool , too 1

...

이 데이터셋을 이용해서 메타러닝 모델을 학습해 보자. 우선 이 데이터셋에서 다루고 있는 물품을 학습/검증/테스트용으로 나눌 것이다. 리포지토리의 chapter5/train.list에 있는 물품들은 메타러닝 모델을 학습할 때 사용하고, 학습 중에 chapter5/dev.list에 있는 물품 데이터셋들을 이용해서 검증할 것이다. 학습이 완료된 후에는 chapter5/test.list에 있는 물품 데이터셋을 이용해서 테스트할 것이다. 각 파일의 내용은 블록 5.3을 참고하라.

블록 5.3: Amazon 리뷰 데이터셋의 학습, 검증, 테스트 물품 리스트

```
$ cat train.list
apparel
automotive
baby
beauty
camera_photo
cell_phones_service
computer_video_games
health_personal_care
magazines
music
software
sports_outdoors
toys_games
video

$ cat dev.list
grocery
```

```
office_products
outdoor_living
gourmet_food
jewelry_watches

$ cat test.list
books
dvd
electronics
kitchen_housewares
```

메타러닝 학습에는 N-way, K-shot 방식을 사용하려고 한다. N-way의 N은 클래스의 개수이다. Amazon 리뷰 데이터셋에서는 positive/negative 두 개의 클래스를 구분하기 때문에 N은 2이다. K-shot의 K는 서포트 데이터셋의 개수이다. 5.1절에서 메타러닝은 학습법을 학습하는 기법이라고 소개했는데 이를 가능하게 하는 방법 중 하나가 서포트 데이터셋을 활용하는 것이다. 메타러닝에서 하나의 배치 데이터셋은 서포트 데이터셋과 쿼리 데이터셋으로 나뉘어 있다.

메타러닝 모델은 쿼리 데이터와 서포트 데이터의 관계를 학습한다. 그림 5.3을 보면 하나의 배치 데이터셋이 64개로 이뤄져 있다. 앞의 10개는 서포트 데이터셋으로 positive/negative 데이터셋을 각각 5개씩 갖고 있고, 뒤의 54개는 쿼리 데이터셋으로 positive/negative 데이터셋을 각각 27개씩 갖고 있다. 이번 절에서 사용하는 메타러닝 모델은 각 배치에 대해 서포트 데이터와 쿼리 데이터를 각각 인코딩한 후 인코딩된 서포트 데이터셋과 인코딩된 쿼리 데이터셋을 이용해서 쿼리 데이터의 정답을 맞추는 방법으로 학습된다.

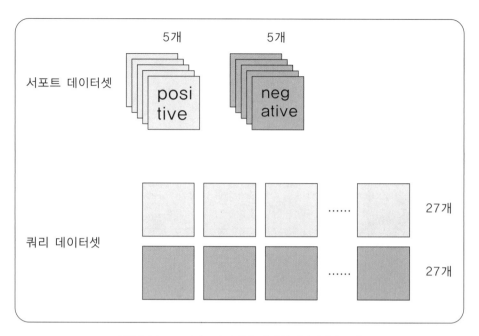

그림 5.3 2-way 5-shot으로 학습 시 배치 데이터셋의 구성

이렇게 학습된 메타러닝 모델은 새로운 물품에 대한 리뷰 데이터셋에도 쓰일 수 있다. 다만 몇 개의 서포트 데이터가 필요하다. 메타러닝으로 학습돼 있지 않다면 새로운 물품에 대한 학습/검증/테스트용 데이터셋을 최소 몇만 건 정도 수집해야 하며 수집 후에도 모델을 새로 학습해서 시스템에 적용해야 한다. 따라서 메타러닝 방식이 훨씬 효율적이라고 할 수 있다.

이제는 실제로 Amazon 리뷰 데이터셋을 메타러닝하는 모델을 구현해 보자. chapter5/few-shot-classification.ipynb를 참고하라.

5.2.1. 데이터셋과 데이터로더 만들기

우선 데이터셋과 데이터로더를 만들어 보자.

```
class AmazonDataset():
    def __init__(self, data_path, tokenizer, dtype):
        self.data_path = data_path
        self.tokenizer = tokenizer
        with open(f'{dtype}.list', 'r') as f:
            self.categories = [oneline.rstrip() for oneline in f]
        self.support_dataset = {}
        self.dataset = {}
        for category in tqdm(self.categories, desc='reading categories'):
            self.dataset[category] = {
                'neg': self.get_data(category, 'neg', dtype),
                'pos': self.get_data(category, 'pos', dtype)
            }

        if dtype == 'test' or dtype == 'dev':
            for category in tqdm(self.categories, desc='reading categories for
support'):
                self.support_dataset[category] = {
                    'neg': self.get_data(category, 'neg', 'train'),
                    'pos': self.get_data(category, 'pos', 'train'),
                }

    def read_files(self, category, label, dtype):
        data = {
            'text': [],
            'label': []
        }
        for t in ['t2', 't4', 't5']:
            filename = f'{category}.{t}.{dtype}'
            with open(os.path.join(self.data_path, filename), 'r') as f:
                for oneline in f:
                    oneline = oneline.rstrip()
                    text = oneline[:-2]
                    if int(oneline[-2:]) == 1 and label == 'pos':
                        tensor = self.tokenizer(text, return_tensors='pt')
                        data['text'].append(tensor['input_ids'][0])
                        data['label'].append(1)
                    elif int(oneline[-2:]) == -1 and label == 'neg':
                        tensor = self.tokenizer(text, return_tensors='pt')
```

215

```
                        data['text'].append(tensor['input_ids'][0])
                        data['label'].append(0)
            data['label'] = torch.tensor(data['label'])
            return data

    def get_data(self, category, label, dtype):
        data = self.read_files(category, label, dtype)
        return data
```

코드 5.1은 Amazon 리뷰 데이터셋을 읽어서 AmazonDataset 객체로 만드는 클래스이다. AmazonDataset을 학습/검증/테스트용으로 용도를 나눠서 각각 따로 객체를 만들었다. 코드 5.2를 참고하라.

코드 5.2 아마존 데이터셋 객체 생성하기

```
train_dataset = AmazonDataset(data_path, tokenizer, 'train')
dev_dataset = AmazonDataset(data_path, tokenizer, 'dev')
test_dataset = AmazonDataset(data_path, tokenizer, 'test')
```

각각의 AmazonDataset 객체를 이용해서 데이터로더를 만들어 보자. 코드 5.3은 AmazonDataLoader 클래스를 정의하는 __init__ 함수에 대한 구현이다.

코드 5.3 아마존 데이터셋에 대한 데이터로더 클래스 정의하기

```
class AmazonDataLoader():
    def __init__(self, dataset, batch_size, n_support):
        assert n_support % 2 == 0, 'n_support should be multiple of 2'
        self.dataset = dataset
        self.batch_size = batch_size
        self.n_support = n_support
        self.neg_idx = {k:0 for k in dataset.dataset}
        self.pos_idx = {k:0 for k in dataset.dataset}
        self.neg_len = {k:len(dataset.dataset[k]['neg']['text']) for k in
dataset.dataset}
        self.pos_len = {k:len(dataset.dataset[k]['pos']['text']) for k in
dataset.dataset}
```

```python
        self.neg = {k:dataset.dataset[k]['neg'] for k in dataset.dataset}
        self.pos = {k:dataset.dataset[k]['pos'] for k in dataset.dataset}
        self.idx = 0
        self.categories = [k for k in dataset.dataset]

        # prepare for test dataset, support dataset should come from "*.train"
        self.neg_support_idx = {}
        self.pos_support_idx = {}
        self.neg_support_len = {}
        self.pos_support_len = {}
        if self.dataset.support_dataset:
            self.neg_support_idx = {k:0 for k in self.dataset.support_dataset}
            self.pos_support_idx = {k:0 for k in self.dataset.support_dataset}
            self.neg_support_len = {k:len(self.dataset.support_dataset[k]['neg']
['text']) for k in self.dataset.support_dataset}
            self.pos_support_len = {k:len(self.dataset.support_dataset[k]['pos']
['text']) for k in self.dataset.support_dataset}
```

메타러닝의 학습이나 테스트 과정에서 데이터를 배치 단위로 만드는 코드는 코드 5.4를 참고하라. 코드 5.4는 학습을 위한 배치를 생성하는 코드이다.

코드 5.4 서포트/쿼리 데이터셋으로 배치 입력 만들기

```python
def get_batch(self):
    category = self.categories[self.idx % len(self.categories)]
    neg = self.neg[category]
    pos = self.pos[category]
    neg_start_idx = self.neg_idx[category] % self.neg_len[category]
    pos_start_idx = self.pos_idx[category] % self.pos_len[category]

    # prepare negative/positive dataset
    neg_text = neg['text'][neg_start_idx:neg_start_idx+(self.batch_size//2)]
    pos_text = pos['text'][pos_start_idx:pos_start_idx+(self.batch_size//2)]
    neg_label = neg['label'][neg_start_idx:neg_start_idx+(self.batch_size//2)]
    pos_label = pos['label'][pos_start_idx:pos_start_idx+(self.batch_size//2)]
    self.neg_idx[category] += (self.batch_size//2)
    self.pos_idx[category] += (self.batch_size//2)

    if len(neg_text) + len(pos_text) != self.batch_size:
```

```python
        return self.get_batch()

    # padding text dataset
    neg_text = pad_sequence([n for n in neg_text], batch_first=True)
    pos_text = pad_sequence([p for p in pos_text], batch_first=True)
    neg_text, pos_text = pad_text(neg_text, pos_text)

    # prepare support/query text
    neg_support_text = neg_text[:self.n_support//2]
    pos_support_text = pos_text[:self.n_support//2]
    neg_query_text = neg_text[self.n_support//2:]
    pos_query_text = pos_text[self.n_support//2:]

    # prepare support/query label
    neg_support_label = neg_label[:self.n_support//2]
    pos_support_label = pos_label[:self.n_support//2]
    neg_query_label = neg_label[self.n_support//2:]
    pos_query_label = pos_label[self.n_support//2:]

    # merge support/query text
    support_text = torch.cat([neg_support_text, pos_support_text], dim=0)
    query_text = torch.cat([neg_query_text, pos_query_text], dim=0)

    # merge support/query label
    support_label = torch.cat([neg_support_label, pos_support_label], dim=0)
    query_label = torch.cat([neg_query_label, pos_query_label], dim=0)

    # make data and label
    data = torch.cat([support_text, query_text], dim=0)
    label = torch.cat([support_label, query_label], dim=0)

    # increase category index
    self.idx += 1
    return data, label
```

AmazonDataLoader를 이용해서 배치 데이터를 생성해내는 코드는 코드 5.5를 참고
하라.

```
train_dataset = AmazonDataset(data_path, tokenizer, 'train')
dev_dataset = AmazonDataset(data_path, tokenizer, 'dev')
test_dataset = AmazonDataset(data_path, tokenizer, 'test')

>>> for i in range(10):
>>>     d, l = train_dataloader.get_batch()
>>>     print(d.shape, l.float().mean())
torch.Size([64, 149]) tensor(0.5000)
torch.Size([64, 460]) tensor(0.5000)
torch.Size([64, 254]) tensor(0.5000)
torch.Size([64, 262]) tensor(0.5000)
torch.Size([64, 1283]) tensor(0.5000)
torch.Size([64, 1658]) tensor(0.5000)
torch.Size([64, 613]) tensor(0.5000)
torch.Size([64, 359]) tensor(0.5000)
torch.Size([64, 530]) tensor(0.5000)
torch.Size([64, 602]) tensor(0.5000)
```

Amazon 리뷰 데이터셋의 데이터셋과 데이터로더를 만들었다. 이제 메타러닝을 위한 모델 클래스를 구현해 보자.

코드 5.6 아마존 데이터셋에 대한 메타러닝 모델 클래스 정의하기

```
class FewShotInduction(nn.Module):
    def __init__(self, C, S, vocab_size, embed_size, hidden_size, d_a,
                 iterations, outsize, weights=None):
        super(FewShotInduction, self).__init__()
        self.encoder = Encoder(C, S, vocab_size, embed_size, hidden_size, d_a,
weights)
        self.induction = Induction(C, S, 2 * hidden_size, iterations)
        self.relation = Relation(C, 2 * hidden_size, outsize)

    def forward(self, x):
        support_encoder, query_encoder = self.encoder(x)  # (k*c, 2*hidden_size)
        class_vector = self.induction(support_encoder)
        probs = self.relation(class_vector, query_encoder)
        return probs
```

코드 5.6을 보면 Encoder가 배치로 입력되는 데이터 x를 인코딩해서 support_encoder와 query_encoder로 나눠준다. support_encoder는 Induction 클래스를 이용해서 class_vector를 생성하고, class_vector와 query_encoder를 이용해서 확률 probs를 생성한다. Encoder, Induction 그리고 Relation 서브 클래스의 구현은 chapter5/model.py를 참고하라.

코드 5.7 아마존 데이터셋에 대한 메타러닝 모델 객체 정의하기

```
support = 5
model = FewShotInduction(C=2,
                         S=support,
                         vocab_size=30522,
                         embed_size=300,
                         hidden_size=128,
                         d_a=64,
                         iterations=3,
                         outsize=100)
model = model.cuda()
```

메타러닝 모델은 코드 5.7과 같이 정의할 수 있다. support 데이터로 사용할 개수를 5개로 정의해서 넣어주는데 이 파라미터를 통해서 Encoder 클래스가 서포트 데이터를 몇 개 사용하는지 알 수 있다.

학습을 시작하기 전에 코드 5.8에서 Criterion 클래스를 보자.

코드 5.8 N-way 5-shot을 위한 Criterion 클래스 정의하기

```
class Criterion(_Loss):
    def __init__(self, way=2, shot=5):
        super(Criterion, self).__init__()
        self.amount = way * shot

    def forward(self, probs, target, return_pred_label=False):  # (Q,C) (Q)
        target = target[self.amount:]
        target_onehot = torch.zeros_like(probs)
        target_onehot = target_onehot.scatter(1, target.reshape(-1, 1), 1)
```

```
    loss = torch.mean((probs - target_onehot) ** 2)
    pred = torch.argmax(probs, dim=1)
    acc = torch.sum(target == pred).float() / target.shape[0]

    if return_pred_label:
        return loss, acc, pred, target
    else:
        return loss, acc
```

코드 5.8을 보면 self.amount라는 변수가 있다. 이 변수를 이용해서 target을 슬라이싱한다. target을 슬라이싱하는 이유는 Loss를 구할 때 쿼리 데이터만 사용하기 위함이다.

메타러닝 모델 학습을 위한 모든 과정을 코드와 함께 설명했다. 코드 5.9는 앞서 설명한 내용을 바탕으로 실제로 메타러닝 모델을 학습하는 부분이다.

코드 5.9 아마존 데이터셋을 이용해서 메타러닝 모델 학습하기

```
dev_interval = 100
best_acc = -1.0
tbar = tqdm(range(1, 10000))
for episode in tbar:
    loss = train(episode)
    if episode % dev_interval == 0:
        acc = dev(episode)
        if acc > best_acc:
            print('Better acc! Saving model! -> {:.4f}'.format(acc))
            best_acc = acc
    tbar.set_postfix(loss=loss)


  1%|         | 101/9999 [00:24<1:39:28,  1.66it/s, loss=tensor(0.4911,
device='cuda:0', grad_fn=<MeanBackward0>)]
Better acc! Saving model! -> 0.5374
  2%||        | 201/9999 [00:49<1:41:05,  1.62it/s, loss=tensor(0.5000,
device='cuda:0', grad_fn=<MeanBackward0>)]
Better acc! Saving model! -> 0.5421
  5%|▌        | 500/9999 [02:02<2:03:14,  1.28it/s, loss=tensor(0.4907,
device='cuda:0', grad_fn=<MeanBackward0>)]
```

```
Better acc! Saving model! -> 0.5428
 32%|███        | 3200/9999 [12:54<1:27:25,  1.30it/s, loss=tensor(0.5259,
device='cuda:0', grad_fn=<MeanBackward0>)]
Better acc! Saving model! -> 0.5548
 36%|████       | 3601/9999 [14:31<1:03:33,  1.68it/s, loss=tensor(0.3047,
device='cuda:0', grad_fn=<MeanBackward0>)]
Better acc! Saving model! -> 0.6022
 37%|████       | 3701/9999 [14:56<1:05:37,  1.60it/s, loss=tensor(0.4654,
device='cuda:0', grad_fn=<MeanBackward0>)]
Better acc! Saving model! -> 0.6230
 39%|████       | 3900/9999 [15:44<1:18:19,  1.30it/s, loss=tensor(0.4810,
device='cuda:0', grad_fn=<MeanBackward0>)]
Better acc! Saving model! -> 0.6518
 40%|████       | 4000/9999 [16:07<1:18:58,  1.27it/s, loss=tensor(0.2676,
device='cuda:0', grad_fn=<MeanBackward0>)]
Better acc! Saving model! -> 0.6539
 41%|████       | 4100/9999 [16:32<1:18:33,  1.25it/s, loss=tensor(0.2664,
device='cuda:0', grad_fn=<MeanBackward0>)]
Better acc! Saving model! -> 0.6652
 42%|████       | 4200/9999 [16:56<1:16:40,  1.26it/s, loss=tensor(0.2961,
device='cuda:0', grad_fn=<MeanBackward0>)]
Better acc! Saving model! -> 0.6730
 43%|████       | 4300/9999 [17:20<1:14:57,  1.27it/s, loss=tensor(0.1779,
device='cuda:0', grad_fn=<MeanBackward0>)]
Better acc! Saving model! -> 0.6873
 45%|█████      | 4500/9999 [18:09<1:10:59,  1.29it/s, loss=tensor(0.1996,
device='cuda:0', grad_fn=<MeanBackward0>)]
Better acc! Saving model! -> 0.6883
 50%|█████      | 5001/9999 [20:11<50:16,  1.66it/s, loss=tensor(0.1750,
device='cuda:0', grad_fn=<MeanBackward0>)]
Better acc! Saving model! -> 0.6964
 51%|█████      | 5100/9999 [20:35<1:05:25,  1.25it/s, loss=tensor(0.3406,
device='cuda:0', grad_fn=<MeanBackward0>)]
Better acc! Saving model! -> 0.7037
 59%|██████     | 5900/9999 [23:48<53:08,  1.29it/s, loss=tensor(0.0876,
device='cuda:0', grad_fn=<MeanBackward0>)]
Better acc! Saving model! -> 0.7123
 60%|██████     | 6000/9999 [24:13<51:30,  1.29it/s, loss=tensor(0.1551,
device='cuda:0', grad_fn=<MeanBackward0>)]
Better acc! Saving model! -> 0.7133
 62%|██████     | 6200/9999 [25:01<50:09,  1.26it/s, loss=tensor(0.2443,
```

```
device='cuda:0', grad_fn=<MeanBackward0>)]
Better acc! Saving model! -> 0.7195
 65%|███████    | 6501/9999 [26:14<34:55,  1.67it/s, loss=tensor(0.1500,
device='cuda:0', grad_fn=<MeanBackward0>)]
Better acc! Saving model! -> 0.7287
 67%|███████    | 6700/9999 [27:02<41:29,  1.33it/s, loss=tensor(0.1373,
device='cuda:0', grad_fn=<MeanBackward0>)]
Better acc! Saving model! -> 0.7345
 76%|████████   | 7600/9999 [30:41<32:03,  1.25it/s, loss=tensor(0.2500,
device='cuda:0', grad_fn=<MeanBackward0>)]
Better acc! Saving model! -> 0.7393
 82%|████████   | 8200/9999 [33:06<23:03,  1.30it/s, loss=tensor(0.0173,
device='cuda:0', grad_fn=<MeanBackward0>)]
Better acc! Saving model! -> 0.7446
 84%|████████   | 8400/9999 [33:55<21:26,  1.24it/s, loss=tensor(0.2435,
device='cuda:0', grad_fn=<MeanBackward0>)]
Better acc! Saving model! -> 0.7486
 90%|█████████  | 9000/9999 [36:20<13:24,  1.24it/s, loss=tensor(0.0522,
device='cuda:0', grad_fn=<MeanBackward0>)]
Better acc! Saving model! -> 0.7496
 92%|█████████  | 9200/9999 [37:09<10:15,  1.30it/s, loss=tensor(0.0444,
device='cuda:0', grad_fn=<MeanBackward0>)]
Better acc! Saving model! -> 0.7497
 93%|█████████  | 9301/9999 [37:33<07:19,  1.59it/s, loss=tensor(0.2773,
device='cuda:0', grad_fn=<MeanBackward0>)]
Better acc! Saving model! -> 0.7528
 94%|█████████  | 9400/9999 [37:57<07:49,  1.28it/s, loss=tensor(0.0272,
device='cuda:0', grad_fn=<MeanBackward0>)]
Better acc! Saving model! -> 0.7531
 98%|██████████ | 9800/9999 [39:33<02:45,  1.20it/s, loss=tensor(0.2823,
device='cuda:0', grad_fn=<MeanBackward0>)]
Better acc! Saving model! -> 0.7546
 99%|██████████ | 9900/9999 [39:57<01:16,  1.30it/s, loss=tensor(0.2743,
device='cuda:0', grad_fn=<MeanBackward0>)]
Better acc! Saving model! -> 0.7551
100%|██████████ | 9999/9999 [40:19<00:00,  4.13it/s, loss=tensor(0.2489,
device='cuda:0', grad_fn=<MeanBackward0>)]
```

코드 5.9에 메타러닝의 학습을 시작하는 코드를 구현했다. 학습 결과를 보면 검증할 때 사용되는 데이터셋은 학습할 때 사용되는 데이터가 아님에도 불구하고 정확도가 향상되는 것을 볼 수 있다.

이제 코드 5.10에서는 학습된 메타러닝 모델을 이용해서 테스트 데이터셋에 대한 정확도를 구하는 것을 구현했다.

코드 5.10 학습된 메타러닝 모델 평가하기

```
def test():
    model.eval()
    correct = 0.
    count = 0.
    for i in range(100):
        data, target = test_dataloader.get_batch_test()
        data = data.cuda()
        target = target.cuda()
        predict = model(data)
        _, acc = criterion(predict, target)
        amount = len(target) - support * 2
        correct += acc * amount
        count += amount

    acc = correct / count
    print('Test Acc: {}'.format(acc))
    return acc

>>> test()
Test Acc: 0.6549707651138306
```

코드 5.10을 보면 0과 1을 구분하는 이진 분류에서 0.65 정도의 정확도를 보여주고 있다. 테스트 데이터셋은 books, dvd, electronics, kitchen_housewares 등에 대한 데이터셋이다. 이는 학습 과정에서는 한 번도 사용된 적이 없는 데이터이기 때문에 임의로 맞추는 확률인 0.5가 나올 것 같지만 서포트 데이터셋을 통해서 쿼리 데이터셋을 예측하는 구조를 갖고 있기 때문에 0.65 정도의 결과를 보이고 있다.

마지막으로 코드 5.9에서 학습한 메타러닝 모델이 제대로 학습된 것인지 확인을 위해 서포트 데이터셋을 사용하지 않고(support=0) 학습해 보자.

코드 5.11 support=0으로 학습한 모델에 대해 평가하기

```
# suppport=0으로 학습한 결과
  1%|           | 101/9999 [00:17<1:28:42,  1.86it/s, loss=tensor(0.2704,
device='cuda:0', grad_fn=<MeanBackward0>)]
Better acc! Saving model! -> 0.5959
 23%|██        | 2301/9999 [06:42<1:11:47,  1.79it/s, loss=tensor(0.2603,
device='cuda:0', grad_fn=<MeanBackward0>)]
Better acc! Saving model! -> 0.5967
 32%|███       | 3201/9999 [09:22<1:04:41,  1.75it/s, loss=tensor(0.2575,
device='cuda:0', grad_fn=<MeanBackward0>)]
Better acc! Saving model! -> 0.5981
 41%|████      | 4101/9999 [12:03<59:39,  1.65it/s, loss=tensor(0.2553,
device='cuda:0', grad_fn=<MeanBackward0>)]
Better acc! Saving model! -> 0.5995
100%|██████████| 9999/9999 [29:32<00:00,  5.64it/s, loss=tensor(0.2500,
device='cuda:0', grad_fn=<MeanBackward0>)]

>>> test()
Test Acc: 0.5084260702133179
```

support=0으로 세팅해서 메타러닝을 하지 않을 경우에는 코드 5.11과 같이 정확도가 0.5 정도 나온다. 따라서 서포트 데이터셋을 통해서 쿼리 데이터셋을 예측하는 기법, 즉 메타러닝 기법을 통해서 학습을 위한 학습이 가능하다고 말할 수 있다. support=5로 학습한 모델과 support=0으로 학습한 모델의 Confusion Matrix를 표 5.1을 통해서 확인해 보자. 서포트 데이터셋을 사용해서 학습한 모델이 훨씬 좋은 모델임을 알 수 있다.

support=5	neg	pos	support=0	neg	pos
0	967	1118	0	3092	0
1	526	2643	1	3190	0

표 5.1 support 수 차이에 따른 메타러닝 모델의 성능 차이

5.3. GPT2에서의 메타러닝

5.2절에서 다뤘던 메타러닝 기법은 퓨샷 러닝^{Few-shot Learning}이다. 퓨샷 러닝은 서포트 데이터셋 몇 개를 예제로 제공하고, 그것을 기반으로 쿼리 데이터셋을 맞추는 형태를 말한다. 여기에서 서포트 데이터를 한 개만 주는 형태를 원샷 러닝^{One-shot Learning}이라고 하고, 서포트 데이터를 한 개도 주지 않는 형태를 제로샷 러닝^{Zero-shot Learning}이라고 한다.

제로샷 러닝에서는 서포트 데이터셋이 아닌 태스크에 대한 다른 정보가 제공되며 그 정보를 통해서 결괏값을 출력한다. 제로샷 러닝의 개념은 GPT2에서부터 적용되기 시작했다. GPT2 논문에 따르면 어떤 파라미터나 아키텍처의 수정 없이 언어 모델이 제로샷 러닝 세팅에서 동작한다는 것을 보였다고 한다.

> **| 인용 2 |**
>
> **논문 Language Models are Unsupervised Multitask Learners 인용**
>
> We demonstrate language models can perform down-stream tasks in a zero-shot setting without any parameter or architecture modification.
>
> 언어 모델이 제로샷 세팅에서 추가적인 파라미터나 구조의 변경 없이 특정 언어 모델 테스크를 수행할 수 있다는 것을 보여줬다.

인용 2를 보면 제로샷 세팅에서 어떤 파라미터의 수정 없이도 여러 가지 태스크를 수행할 수 있다는 것을 알 수 있다. 아쉽게도 GPT2가 Zero-shot Learning을 하는 구체적인 학습 방법이나 코드는 공개되지 않았기 때문에 GPT2를 학습하는 의사 코드를 구현해 보기 힘들다. 이번 절에서는 구현 관점이 아니라 논문을 이해하는 관점으로 접근해서 GPT2를 이해해 보자.

5.3.1. GPT2를 학습하기 위한 접근 방법

GPT2 논문의 Approach 섹션을 보면 일반적인 언어 모델의 공식을 $P(output|input)$ 으로 표현했다. 예를 들어 텍스트 분류 모델을 학습했을 경우 주어진 입력값에 대해서 positive=1, negative=0을 출력할 확률을 구한다. GPT2에서는 한 걸음 더 나아가서 입력값에 태스크 정보를 더한다. 즉 $P(output|input, task)$ 형태로 언어 모델 공식을 정했다.

여기에서 태스크는 여러 가지 종류의 자연어 처리 태스크를 의미한다. 예를 들어 텍스트 분류, 기계 번역, 질의응답 등이 될 수 있다. 이렇게 태스크 정보를 입력의 또 다른 조건값으로 제공하는 것을 태스크 컨디셔닝이라 소개하고, 태스크 제공 방법은 자유로운 방식으로 가능하다고 설명하고 있다.

> **블록 5.4: 태스크 컨디셔닝 예시**
> 기계어 번역 태스크: (translate to french, english text, french text)
> 질의응답 태스크: (answer the question, document, question, answer)

블록 5.4를 보면 기계어 번역 태스크의 경우 입력값은 "translate to french"라는 자연어와 번역을 할 언어(english text) 두 개가 제공된다. 질의응답 태스크의 경우 "answer the question"이라는 자연어와 document, question 등의 정보가 입력으로 제공되고, 그것을 이용해서 answer를 추론하게 된다.

5.3.2. GPT2의 학습 데이터셋과 멀티태스크

GPT2를 학습한 데이터셋에 대해서 이해해 보자. GPT2는 WebText 데이터셋으로 학습됐다. WebText 데이터셋은 Reddit이라는 소셜 미디어 플랫폼에서 아웃바운드 링크만을 크롤링해서 최소 3karma 이상의 정보만 사용해서 만든 데이터셋이다.[1] Reddit

---

1   GPT2는 Reddit의 최소 3karma 이상의 데이터셋을 약 40GB 모아서 학습된 모델이다.

의 karma는 정보가 다른 사람에게 얼마나 유용했는지를 나타내는 지표로 해석하면 된다. GPT2를 사전 학습할 때 멀티태스크를 학습할 수 있도록 In-context Learning 이라는 개념을 사용했다. In-context Learning은 GPT3 논문의 Introduction에 보면 인용 3과 같이 언급하고 있다.

| 인용 3 |

논문 Language Models are Few-Shot Learners 인용

attempts to do this via what we call "In-context Learning", using the text input of a pretrained language model as a form of task specification: the model is conditioned on a natural language instruction and/or a
few demonstrations of the task and is then expected to complete further instances of the task simply by predicting what comes next.

"인컨텍스트 러닝"이라고 불리는 방법에서는 사전 학습된 모델의 텍스트 입력 값을 테스크를 특정 짓는 형태로서 사용된다. 즉 언어 모델이 조건적으로 분기돼 다음 단어가 무엇인지를 예측하는 원리를 통해 전체 테스크를 수행하도록 기대된다.

인용 3에서 RWC+19로 참조하고 있는 논문이 GPT2 논문이다. GPT2 논문에서 In-context Learning이라는 개념을 통해서 태스크 컨디셔닝을 할 수 있게 됐고, 태스크 컨디셔닝은 텍스트 입력을 통해서 주어진다고 한다. 태스크는 사람이 이해할 수 있는 자연어 형태로 주어지며, 모델은 단순히 다음에 올 단어가 무엇인지를 맞추는 방식으로 태스크를 수행하게 된다.

GPT3 논문에서는 In-context Learning 개념을 그림 5.4를 통해서 설명하고 있다.

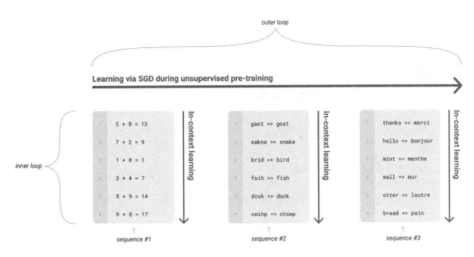

그림 5.4 In-context Learning 개념

참고: 논문 Language Models are Few-Shot Learners

그림 5.4를 보자. 전체적으로는 outer-loop를 통해서 다음에 올 단어가 무엇인지를 맞추는 언어 모델링을 학습하는데 각 시퀀스마다 In-context Learning을 학습하고 있다. In-context Learning은 "5 + 8 = 13", "7 + 2 = 9"와 같이 데이터와 정답의 쌍으로 이뤄진 셋을 여러 개 이어서 패턴을 인식할 수 있는 능력을 학습시키는 과정이다.

블록 5.5: 그림 5.4의 시퀀스1,2,3에 대한 데이터 패턴

그림 5.4의 sequence#1 패턴
숫자 + 숫자 = 숫자

그림 5.4의 sequence#2 패턴
단어 =〉단어

그림 5.4의 sequence#3 패턴
단어 =〉단어

블록 5.5에서 각 시퀀스마다 학습되는 패턴을 설명하고 있다. 그림 5.4의 sequence#1은 숫자와 숫자를 더하기(+)한 후 숫자가 나오는 패턴을 계속 반복해서 학습한다는 것을 보여주고 있고, sequence#2, 3은 단어와 단어 사이를 =>로 구분해서 연결하는 패턴을 계속 반복해서 학습한다는 것을 보여주고 있다.

5.3.3. GPT2 성능 평가 결과

GPT2의 성능을 공개된 8개의 데이터셋을 이용해서 평가했다. 그 결과는 표 5.2와 같다.

데이터셋	평가 지표	GPT2	이전의 SOTA	사람 정확도
Winograd Schema Challenge	accuracy (+)	0.707	0.637	92%+
LAMBADA	accuracy (+)	0.6324	0.5923	95%+
Children's Book Test Common Nouns (validation accuracy)	accuracy (+)	0.933	0.857	0.96
Penn Tree Bank	perplexity (−)	35.76	46.54	unknown
WikiText-2	perplexity (−)	18.34	39.14	unknown
enwik8	bits per character (−)	0.93	0.99	unknown
text8	bits per character (−)	0.98	1.08	unknown
WikiText-103	perplexity (−)	17.48	18.3	unknown

표 5.2 GPT2 성능 공개된 데이터셋

표 5.2의 결과는 파인튜닝 없이 사전 학습만 수행한 모델로 평가한 결과이다. 이처럼 특별한 사전 학습 없이 특정 태스크를 수행할 수 있게 됐다는 것이 GPT2 모델의 가장 중요한 성과이다. 다음 절에서는 실제 소스 코드를 이용해서 GPT2를 통해서 문장을 생성하는 예제를 공부해 보자.

5.3.4. GP2를 통한 문장 생성

GPT2의 사전 학습은 이전 토큰들을 통해서 다음 토큰을 맞추는 언어 모델링이다. 이번 절에서는 트랜스포머의 GPT2를 이용해서 문장을 생성해 보려고 한다.

블록 5.6의 문장은 코리아 헤럴드 기사의 일부이다. GPT2를 통해서 그 다음 문장들을 생성해 보자.

코드 5.12 GPT2 모델 로딩하기

```python
MODEL_CLASSES = {
    'gpt2': (GPT2LMHeadModel, GPT2Tokenizer),
}

model_type = 'gpt2'
model_name_or_path = 'gpt2'
model_class, tokenizer_class = MODEL_CLASSES[model_type]

tokenizer = tokenizer_class.from_pretrained(model_name_or_path)
model = model_class.from_pretrained(model_name_or_path)
model.to(device)
model.eval()
```

코드 5.12는 GPT2 모델을 로딩하는 코드이다. 전체 코드는 이 책의 리포지토리에서 chapter5/gpt2-generation-example.ipynb를 참고하라.

코드 5.13 GPT2를 이용해서 문장 생성하기

```python
prompt = f"Whether the Ministry of Gender Equality & Family should remain in
existence again surfaced as a hot button issue Friday "
text = generate(model, tokenizer, prompt)

>>> prompt + text
```

---

2 코리아헤럴드 기사: http://www.koreaherald.com/view.php?ud=20211022000603

'Whether the Ministry of Gender Equality & Family should remain in existence
again surfaced as a hot button issue Friday **·Due to ongoing problems at the
Ministry in the area of the institution under which the Paternity Service'**

로딩된 모델을 이용해서 코드 5.13과 같이 문장을 생성해 보자. 블록 5.6에 있는 텍스트를 프롬프트^{prompt}라는 변수에 저장했다. GPT2에서 프롬프트는 GPT2에게 주어진 입력 문장을 의미한다. GPT2는 다음 단어를 생성하도록 사전 학습됐기 때문에 프롬프트 이후에 알맞는 단어들을 생성하게 된다. 코드 5.13에서 사용한 generate 함수는 chapter5/generation.py를 참고하라. 다음 절에서는 이번 절의 소스 코드를 재사용해 GPT2의 퓨샷 러닝 성능을 확인해 보자.

5.3.5. GPT2를 이용한 퓨샷 러닝

사전 학습된 GPT2를 이용해서 퓨샷 러닝을 해보자. 파인튜닝 없이 사전 학습된 GPT2를 로딩한 후 퓨샷 세팅으로 간단한 실행을 해보자. 이 절의 소스 코드는 리포지토리의 chapter5/gpt2-verb-example.ipynb를 참고하라. 이 절에서는 예제 소스 코드를 통해서 GPT2가 패턴을 이해하고 있다는 것을 확인해 볼 것이다. 사용할 프롬프트는 블록 5.7과 같다.

블록 5.7: GPT2 퓨샷 러닝을 위한 프롬프트 텍스트

play = played . sing = sang . view = viewed . act = acted . say = said . type = typed . note = noted .
see = saw . clean = cleaned . tell = told . click =

블록 5.7에서의 태스크는 영어 단어의 원형과 과거형의 나열이다. 블록 5.7을 자세히 보면 원형과 과거형을 =로 연결했고, "원형 = 과거형"셋을 .를 통해 여러 개 이은 형태를 하고 있다. 그리고 마지막은 "click ="로 끝났다. 이는 GPT2에게 다음과 같이 물어보는 것과 같다.

"이봐 GPT2!! play의 과거형은 played이고 … tell의 과거형은 told야. 그러면 click의 과거형은 뭐니?" GPT2는 기본적으로 주어진 프롬프트 이후의 문장을 생성하도록 학습돼 있다. 제대로 된 결과를 얻는다면 clicked가 생성돼야 한다. 블록 5.7과 같이 패턴이 포함된 프롬프트를 입력해도 원하는 결과를 얻을 수 있게 하는 것이 GPT2의 핵심이다.

모델 로딩은 코드 5.12와 같이 하면 되고, 문장을 생성하는 데 사용하는 generate 함수 역시 chapter5/generation.py를 사용하면 된다.

이제 입력값을 준비해 보자. 코드 5.14를 통해서 five_verbs.txt를 읽어 텍스트 리스트 형태로 입력값을 준비해 보자.

코드 5.14 퓨샷 러닝을 테스트할 동사 단어들

```
verbs = []
with open('five_verbs.txt', 'r') as f:
    for line in f:
        verbs.append(line.lower().replace('\n',''))

>>> verbs
['click', 'work', 'walk', 'run', 'jump']
```

그 다음은 코드 5.14에서 읽은 five_verbs.txt의 각 단어를 프롬프트의 마지막 끝에 입력해서 generate 함수에 넣어주면 된다. 이번 절에서는 10샷으로 설정했기 때문에 "원형 = 과거형"으로 이루어진 10개의 문장이 서포트셋으로 사용된다. 서포트셋과 최종적으로 사용할 프롬프트는 블록 5.8을 통해서 확인해 보자.

블록 5.8: 퓨샷 러닝에 사용되는 서포트셋과 프롬프트의 구성

```
# 10개의 서포트셋

play = played        # 1 shot

sing = sang          # 2 shot

view = viewed        # 3 shot
```

```
act = acted              # 4 shot

say = said               # 5 shot

type = typed             # 6 shot

note = noted             # 7 shot

see = saw                # 8 shot

clean = cleaned          # 9 shot

tell = told              # 10 shot
```

최종적으로 사용할 프롬프트 → 각 프롬프트에 대해서 generate 함수를 실행해서 clicked, worked 등의 결과를 얻을 수 있다.

play = played . sing = sang . view = viewed . act = acted . say = said . type = typed . note = noted . see = saw . clean = cleaned . tell = told . click =

play = played . sing = sang . view = viewed . act = acted . say = said . type = typed . note = noted . see = saw . clean = cleaned . tell = told . work =

play = played . sing = sang . view = viewed . act = acted . say = said . type = typed . note = noted . see = saw . clean = cleaned . tell = told . walk =

play = played . sing = sang . view = viewed . act = acted . say = said . type = typed . note = noted . see = saw . clean = cleaned . tell = told . run =

play = played . sing = sang . view = viewed . act = acted . say = said . type = typed . note = noted . see = saw . clean = cleaned . tell = told . jump =

마지막으로 코드 5.15를 통해서 블록 5.8에서 준비한 5개의 프롬프트에 대한 결과를 확인해 보자.

```
plurals = []
for verb in verbs:
    prompt = f"play = played . sing = sang . view = viewed . act = acted . say =
said . type = typed . note = noted . see = saw . clean = cleaned . tell = told .
{verb} ="
    plural = generate(model, tokenizer, prompt)
    plural = plural.split(".")[0]
    plurals.append(plural)

>>> for v, p in zip(verbs, plurals):
>>>     print(f'{v} -> {p}')
click ->  clicked
work ->  worked
walk ->  walked
run ->  run
jump ->  jump
```

마지막 jump를 제외하면 단어의 원형과 과거형이 잘 매칭된 것을 확인할 수 있다.

5장에서는 GPT2에 대해서 알아봤다. GPT2와 GPT3은 다음 단어를 맞추는 방식으로 학습된 언어 모델로 4장에서 알아본 BERT 또는 그 외의 모델과의 가장 큰 차이점은 퓨샷 러닝 기법의 적용에 있다. GPT2나 GPT3에서는 파인튜닝 없이 사전 학습된 모델만으로 여러 가지 태스크를 실행할 수 있다는 것을 배웠으며, 많은 경우 SOTA를 달성하기도 했다. 또한 5장의 마지막 절에서는 트랜스포머의 GPT2를 사용해서 문장을 생성하는 것과 프롬프트 내에 패턴이 있을 경우 그 패턴에 맞는 정답을 맞춰내는 것도 알아봤다.

부록

지금까지 BERT가 출연하게 되기까지의 히스토리와 핵심 기술인 어텐션 네트워크에 대해서 자세하게 설명했다. 그리고 BERT 이후에 연구된 여러 언어 모델들을 소개하며 각 언어 모델에서 사용한 핵심 아이디어와 개선점 등을 알고리듬 관점에서 설명했다.

부록에서는 알고리듬적인 관점이 아닌 경량화 기법의 관점에서 설명하고자 한다. 특히 경량화 기법 중에서 양자화^{Quantization}에 대해서 소개하려고 한다.

1. 양자화

양자화는 연속적인 무한한 값을 구분된 유한한 값으로 맵핑하는 과정이다. 컴퓨터 사이언스의 관점에서의 양자화는 특정 범위 내에 무한하게 있는 실수^{floating-point number}를 유한한 갯수의 정수로 맵핑하는 과정이다. −100에서 100 사이에는 무한개의 실수가 있다. 하지만 실수가 아닌 정수는 201개로 유한하다. 그렇다면 −100과 −99 사이에 있는 숫자를 모두 −100으로 맵핑한다면 어느 정도의 오차를 감수하고 무한한 값의 범위를 유한하게 줄일 수 있지 않을까? 이것이 양자화의 핵심 개념이다. 양자화를 하면 컴퓨터 사이언스적인 관점에서 어떤 장점이 있을까? 숫자를 표현하는 비트 수를 크게 줄일 수 있다. 32비트로 표현된 실수를 8비트로 표현한다면 모델의 사이즈를 약 1/4로 줄일 수 있게 되며, 곱셈 연산에 드는 시간 또한 감소하게 된다. 이 절에서는 모델의 파라미터를 구성하는 행렬의 실수 값을 어떻게 정수로 양자화하는지 알아보고, 그 기법을 이용해서 BERT를 실제로 양자화해 성능의 감소를 최소화하면서도 실행 속도를 더욱 빠르게 하는 방법에 대해서 알아보려고 한다.

1.1. 양자화에 대한 수학적인 이해와 코드 구현

우선 특정 범위 내에 있는 무한한 실수를 유한한 범위의 정수로 맵핑하는 과정에 대해서 수학적으로 자세하게 알아보자. 수식 1을 보자.

$$x = s(x_q - z) \quad \text{단, } s\text{는 실수, } z\text{는 정수, } x_q\text{는 } x\text{를 양자화한 값}$$

수식 1 실수 x와 정수 xq의 관계 (역양자화)

수식 1에서 x라는 하나의 실수를 표현하기 위해서 양자화된 값(xq)과 실수 하나(s)와 정수 하나(z)를 사용해서 표현하고 있다. 수식 1을 x_q에 대해서 전개해보자.

x_q가 a와 b 사이의 정수일 때

$$x_q = round(\frac{1}{s}x + z) \quad \text{단, } s\text{는 실수, } z\text{는 정수, } x_q\text{는 } x\text{를 양자화한 값}$$

수식 2 실수 x와 정수 xq의 관계 (양자화)

수식2는 양자화 과정을 나타내고, 수식 1은 역양자화^{de-quantization} 과정이다. 어떤 실수 x가 A와 B 사이에 있다면 x를 양자화해서 xq를 얻는 과정이 양자화 과정이다. 그리고 xq를 이용해서 다시 x를 만들어내는 과정이 역양자화 과정이다. 그 과정을 조금 더 자세하게 표현하면 블록 1과 같이 나열할 수 있다.

s와 z를 x와 xq의 min, max로 구하는 방법은 수식 3으로 설명할 수 있다.

$$A = s\,(a - z) \;....\; ①$$
$$B = s\,(b - z) \;....\; ②$$

수식 ①과 ②의 식을 빼면
$$s = (B - A)/(b - a)$$

수식 ①과 ②의 식을 더하고 s를 치환해서 전개하면
$$z = round(\frac{Ba - Ab}{B - A})$$

단, A와 B는 $Float32$의 최소값과 최대값이며, a와 b는 $Int8$의 최소값과 최대값

수식 3 s와 z 유도 공식

이 과정을 코드로 구현하면 코드 1과 같다. 코드 1은 research/appendix/quantization
_example.py를 참고하라.

코드 1 n 비트에 대한 s, z 계산 함수

```
def make_nbit_quantization_variables(x_min, x_max, n=8):
    xq_min = -2 ** (n - 1)
    xq_max = 2 ** (n - 1) - 1
    s = (x_max - x_min) / (xq_max - xq_min)
    z = int((x_max * xq_min - x_min * xq_max) / (x_max - x_min))
    return s, z
```

그 다음 단계는 계산한 s, z를 이용해서 x를 양자화 하는 단계이다. 양자화에 대한 수

식은 수식 2를 참고하면 되고, 코드 구현은 코드 2를 보면 된다.

코드 2 s, z를 이용한 양자화 함수

```
def value_clipping(x, x_max, x_min):
    x[x > x_max] = x_max
    x[x < x_min] = x_min
    return x


def quantization_nbit(mat, s, z, n=8):
    mat = np.round((1/s * mat) + z, decimals=0)
    clipped_mat = value_clipping(mat, 2 ** (n-1) - 1, -2 ** (n-1))
    return clipped_mat.astype(np.int8)
```

코드 2는 코드 1에서 구한 s와 z 값을 이용해서 양자화를 하는 함수이다. 코드 2의 중간에 보면 value_clipping 함수도 있는데 이 함수는 최소값 이하의 값과 최대값 이후의 값을 각각 최소값과 최대값으로 치환해주는 함수이다. 양자화를 하면 그 값의 결과는 반드시 특정 범위 내에 있어야 하기 때문이다. 이 책에서는 8비트로 양자화하는 것을 기준으로 하기 때문에 8비트 정수의 최소값과 최대값인 −128과 127을 사용해서 value_clipping 함수를 실행한다. 코드 2의 리턴 값을 보면 8비트 정수 타입으로 변환해서 리턴하는 것을 볼 수 있다.

마지막 단계는 코드 1과 코드 2에서 구한 값을 이용해서 역양자화를 하는 단계이다. 수식 1이 역양자화를 진행하는 수식이며, 코드 구현은 코드 3을 보면 된다.

코드3 역양자화 함수

```
def dequantization(mat_q, s, z):
    mat = s * (mat_q - z)
    mat = mat.astype(np.float32)
    return mat
```

코드 1부터 코드 3까지 구현한 함수를 이용해서 하나의 행렬을 양자화한 후 다시 역양자화하면 코드 4와 같은 결과를 얻을 수 있다.

코드 4 임의의 행렬 x에 대한 양자화 및 역양자화 결과

```
min_x_float = -100.0
max_x_float = 80.0
s_x, z_x = make_nbit_quantization_variables(min_x_float, max_x_float, n=8)
x = np.random.uniform(low=min_x_float, high=max_x_float,
                      size=(2, 3)).astype(np.float32)
x_q = quantization_nbit(x, s_x, z_x, n=8)
x_dq = dequantization(x_q, s_x, z_x)
print(f'x = {x}')
print(f'-> s_x, z_x: {s_x} {z_x}')
print(f'x_dq = {x_dq}')
```

블록 2 : 코드 4의 실행 결과

x = [[-1.2135693 28.734085 8.497408]
 [-1.9210271 -23.742136 16.26094]]
-) s_x, z_x: 0.7058823529411765 13
x_dq = [[-1.4117647 28.941177 8.470589]
 [-2.1176472 -24.   16.235294]]

블록 2에서 역양자화를 할 때 round 등의 연산이 실행되기 때문에 어느 정도의 오차가 발생하지만 최초의 x 행렬을 근사하고 있는 것을 볼 수 있다.

1.2. 양자화된 행렬을 이용한 행렬 곱셈과 덧셈

부록 1.1절에서 행렬을 양자화해서 다시 역양자화하는 과정에 대해서 자세하게 알아봤다. 이번 절에서는 양자화된 행렬을 이용해서 행렬의 곱셈과 덧셈을 알아보려고 한다. 우선 양자화된 행렬을 이용한 행렬의 곱셈과 덧셈을 수식4를 통해서 알아보자.

$$Y_{ij} = s_Y(Y_{qij} - z_Y) \quad \cdots ①$$

$$Y_{ij} = s_b(b_{qj} - z_b) + \sum_{k=1}^{p} X_{ik} W_{kj}$$

$$= s_b(b_{qj} - z_b) + \sum_{k=1}^{p} s_X(X_{qik} - z_X) s_W(X_{qkj} - z_W)$$

$$= s_b(b_{qj} - z_b) + \sum_{k=1}^{p} s_X(X_{qik} - z_X) s_W(X_{qkj} - z_W)$$

$$= s_b(b_{qj} - z_b) + s_X s_W \sum_{k=1}^{p} (X_{qik} - z_X)(X_{qkj} - z_W)$$

$$= s_b(b_{qj} - z_b) + s_X s_W \left[\sum_{k=1}^{p} X_{qik} W_{qkj} - z_W \sum_{k=1}^{p} X_{qik} - z_X \sum_{k=1}^{p} W_{qkj} + p z_X z_W \right] \quad \cdots ②$$

수식 ①과 ②를 등호로 두고, Y_{qij}에 대해서 전개하면

$$Y_{qij} = z_Y + \frac{s_b}{s_Y}(b_{qj} - z_b) + \frac{s_X s_W}{s_Y} \left[\sum_{k=1}^{p} X_{qik} W_{qkj} - z_W \sum_{k=1}^{p} X_{qik} - z_X \sum_{k=1}^{p} W_{qkj} + p z_X z_W \right]$$

수식 4 양자화된 행렬을 이용한 행렬의 곱셈과 덧셈

참고: https://leimao.github.io/article/Neural-Networks-Quantization/

수식 4를 보면 두 행렬 X와 W를 곱하고 b행렬을 더해서 Y를 만드는 과정을 수식으로 나타내고 있다. 수식 4를 코드로 구현하면 코드 5와 같이 구현할 수 있다.

코드 5 양자화된 행렬을 이용한 행렬 곱셈과 덧셈

```python
def quantized_matrix_multiplication(x_q, w_q, b_q, s_x, z_x, s_w, z_w, s_b, z_b,
s_y, z_y):
    p = w_q.shape[0]
    y_q = z_y + \
            (s_b / s_y * (b_q.astype(np.int32) - z_b)).astype(np.int8) + \
            ((s_x * s_w / s_y) * (np.matmul(x_q.astype(np.int32), w_q.astype(np.
int32)) - \
                z_w * np.sum(x_q.astype(np.int32), axis=1, keepdims=True) - \
                z_x * np.sum(w_q.astype(np.int32), axis=0, keepdims=True) + \
                p* z_x * z_w)).astype(np.int8)
    y_q = y_q.astype(np.int8)
    return y_q
```

코드 5를 보면 xq와 wq를 곱한 후 bq를 더하는 연산을 하는 과정을 하나의 함수로 구현했다. 이 함수가 필요로 하는 파라미터는 xq, wq, bq 행렬과 이 세 행렬에 대한 s, z값이 필요하다. 이 값은 충분히 구할 수 있다. 그런데 y 행렬에 대한 s와 z값도 필요하다. 이 값은 xq, wq, bq 행렬 값 등을 통해서 계산되는데 이 책에서는 그 방법에 대해서는 다루지 않고 특정 상수로 정해두고 사용하려고 한다. 코드 5의 수식을 보면 수식 4를 그대로 구현해둔 것임을 알 수 있다. 다만 행렬의 덧셈과 곱셈을 하는 과정에서 int8이 아닌 int32를 사용한 이유는 int8 행렬을 서로 곱하거나 더했을 때 결과가 int8을 넘을 수 있기 때문이다. 코드 5를 이용해서 양자화 행렬 연산을 해보자.

코드 6 양자화된 행렬을 이용한 행렬 곱셈과 덧셈 예시

```
min_y_float = -3000.0
max_y_float = 3000.0
s_y, z_y = make_nbit_quantization_variables(min_y_float, max_y_float, n=8)
y_q = quantized_matrix_multiplication(x_q, w_q, b_q, s_x, z_x, s_w, z_w, s_b, z_b,
s_y, z_y)
y_dq = dequantization(y_q, s_y, z_y)
y = x @ w + b
print(f'y = {y}')
print(f'-> s_y, z_y: {s_y} {z_y}')
print(f'y_dq = {y_dq}')
```

코드 6을 실행하면 블록 3과 같은 결과를 얻을 수 있다.

> **블록 3: 양자화된 행렬을 이용한 행렬 곱셈과 덧셈 결과**
> y = [[242.46051 95.31735 217.99707 574.97864]
> [-88.28122 172.45425 216.39148 212.0112]]
> -> s_y, z_y: 23.529411764705884 0
> y_dq = [[235.29411 94.117645 211.76471 541.17645]
> [-94.117645 164.70589 211.76471 211.76471]]

블록 3에서 y와 y_dq를 보면 어느 정도의 오차는 있지만 값이 비슷하게 복원되는 것을 알 수 있다.

1.3. 동적 양자화와 정적 양자화

양자화를 하는 방법에 있어서 동적 양자화와 정적 양자화로 나눌 수 있다. 동적 양자화의 가장 큰 특징은 모델을 구성하는 행렬들의 s와 z값을 매번 계산해서 양자화한다는 것이다. 따라서 학습된 모델이 있을 경우 추가적인 학습이 필요하지 않다. 그렇지만 동적 양자화의 경우 모델 내에서 출력 텐서와 활성화 텐서에 대한 s와 z값을 알지 못하기 때문에 그 값을 매번 계산해줘야 하는 오버헤드가 있다. 그럼에도 불구하고 많은 경우 오버헤드로 인한 느려짐보다는 int8 연산으로 인한 빨라짐이 더욱 큰 경우가 많다. 동적 양자화는 코드 7과 같이 실행할 수 있다. 전체적인 원리는 이전 절에서 자세하게 설명했으므로 여기에서는 코드 7의 실행 결과만 살펴보려고 한다. 전체 코드는 이 책의 리포지토리의 소스 코드 research/appendix/quantization_example.ipynb를 참고하라.

코드 7 예제 모델에 대한 동적 양자화

```python
class SampleNet(nn.Module):
    def __init__(self, quantize_statically=False):
        super(SampleNet, self).__init__()
        self.quantize_statically = quantize_statically
        in_channels = 112
        out_channels = 112
        self.conv = nn.Conv2d(in_channels, out_channels, kernel_size=1, stride=1,
padding=0, groups=1, bias=False)
        self.fc = nn.Linear(3, 2, bias=False)
        self.relu = nn.ReLU(inplace=False)
        self.quant = QuantStub()
        self.dequant = DeQuantStub()

    def forward(self, x):
        if self.quantize_statically:
            x = self.quant(x)
        x = self.conv(x)
        x = self.fc(x)
        x = self.relu(x)

        if self.quantize_statically:
```

```
        x = self.dequant(x)
    return x

model = SampleNet(quantize_statically=False)
model_int8_dynamic = torch.quantization.quantize_dynamic(model, qconfig_
spec=None, dtype=torch.qint8, mapping=None, inplace=False)

np.random.seed(100)
x = torch.from_numpy(np.random.random((b, w, h, c))).float()
o1_dynamic = model_int8_dynamic.conv(x)
o2_dynamic = model_int8_dynamic.fc(o1_dynamic)
o3_dynamic = model_int8_dynamic.relu(o2_dynamic)
```

위 코드의 실행 결과인 o1_dynamic, o2_dynamic, o3_dynamic을 출력해보면 모두 float32 텐서이다. model_int8_dynamic의 경우 중간의 fully-connected 레이어가 DynamicQuantizedLinear로 바뀌었는데 이 부분의 출력 텐서인 o2_dynamic 역시 float32 텐서이다. 이는 모델의 입력 텐서를 처리할 때 동적 양자화의 경우 레이어마다 양자화된다는 것을 알 수 있다.

그렇다면 정적 양자화를 거치게 되면 구체적으로 뭐가 다를까? 정적 양자화는 입력 텐서에 대한 양자화를 계산할 때 s와 z를 계산하지 않는다. 정적 양자화에서는 s와 z가 미리 계산돼 있다. 이 값을 미리 계산하는 과정을 캘리브레이션^{calibration}이라고 한다. 그리고 정적 양자화에서는 레이어 퓨전^{layer fusion}이라는 방법을 통해서 레이어를 조금 더 효율적으로 합칠 수 있다. 따라서 정적 양자화에서는 s와 z를 계산하는데 드는 오버헤드를 없앨 수 있고 동시에 조금 더 효율적으로 합쳐진 레이어로 입력 텐서에 대한 계산을 하기 때문에 모델의 연산 속도가 동적으로 양자화했을 때보다 빠르다.

그렇다면 정적 양자화를 통해 모델을 양자화할 때 모델의 s와 z값이 어떻게 미리 계산될 수 있는지 알아보자. 이 값들을 미리 계산하기 위해서는 레이블링이 되지 않은 데이터가 필요하다. 레이블링되지 않은 데이터를 모델의 입력 값으로 넣어주면서 특정 데이터가 들어왔을 때 값이 어떻게 변하는지에 대한 통계를 구한다. 정적 양자화 과정에서 모델 내부에 히스토그램 옵저버를 삽입한 후 옵저버로 하여금 입력 텐서가 모델에 입력될 때마다 s와 z의 값을 조금씩 조정하도록 한다. 따라서 이 때 사용되는 데이터는 모델을 학습할 때 사용했던 데이터이거나 그 데이터와 최대한 유사한 분포를 가진 데이터여야 한다. 그렇지 않으면 s와 z 값이 전혀 다른 값으로 조정돼 버리기 때문에 양자화 후 모델과 양자화 전 모델의 정확도 성능이 크게 달라질 수 있다. 이와 같이 적절한 s와 z값을 구하기 위해서 레이블링되지 않은 데이터를 입력해주면서 s와 z값을 조금씩 조정해주는 과정이 캘리브레이션이다.

정적 양자화에서 사용되는 또 다른 기법으로 레이어 퓨전이 있다. 레이어 퓨전은 쉽게 말해서 몇 개의 레이어를 하나로 합치는 기법이다. 최근의 성능 좋은 딥러닝 모델에서 자주 쓰이는 패턴 중에 Conv2D 레이어 다음에 BatchNorm 레이어로 이어지는 패턴이 있다. Conv2D와 BatchNorm 레이어를 수식으로 표현해보면 레이어 퓨전이 무엇인지 정확하게 알 수 있다.

$$f_{ij} = Conv2D(x_{ij})$$
$$= W_{conv}x_{ij} + B_{conv}$$

단, W_{conv}의 사이즈는 (out, K^2C)이며 (out, K, K, C)로부터 $reshape$됨
$out = Conv2D$출력 사이즈, $K = $ 커널 사이즈, $C = $ 채널 개수

$$o_{ij} = BatchNorm(f_{ij})$$
$$= \gamma \frac{f_{ij} - \mu}{\sqrt{\sigma^2 + \epsilon}} + \beta$$
$$= \gamma \frac{f_{ij}}{\sqrt{\sigma^2 + \epsilon}} + \beta - \gamma \frac{\mu}{\sqrt{\sigma^2 + \epsilon}}$$

$$= \begin{pmatrix} \dfrac{\gamma_1}{\sqrt{\sigma^2 + \epsilon}} & 0 & 0 & 0 \\ 0 & \dfrac{\gamma_2}{\sqrt{\sigma^2 + \epsilon}} & 0 & 0 \\ 0 & 0 & ... & 0 \\ 0 & 0 & 0 & \dfrac{\gamma_{out}}{\sqrt{\sigma^2 + \epsilon}} \end{pmatrix} f_{ij} + \begin{pmatrix} \beta_1 - \gamma_1 \dfrac{\mu_1}{\sqrt{\sigma^2 + \epsilon}} \\ \beta_2 - \gamma_2 \dfrac{\mu_2}{\sqrt{\sigma^2 + \epsilon}} \\ ... \\ \beta_{out} - \gamma_{out} \dfrac{\mu_{out}}{\sqrt{\sigma^2 + \epsilon}} \end{pmatrix}$$

$$= W_{bn} f_{ij} + B_{bn}$$

$$= W_{bn} \left(W_{conv} x_{ij} + B_{conv} \right) + B_{bn}$$

$$= W_{bn} W_{conv} x_{ij} + W_{bn} B_{conv} + B_{bn}$$

$$= W_{fused} x_{ij} + B_{fused}$$

수식 5 Conv2D와 BatchNorm을 단일 레이어로 만드는 수식

수식5를 보면 BatchNorm과 Conv2D를 수식으로 표현한 것이다. Conv2D는 입력 텐서를 연산해서 fi를 생성한다. Conv2D의 가중치는 (out, k, k, c) 형태에서 (out, k^{2*c}) 형태의 2차원 행렬로 형태를 변형^{reshape}해서 만든다. 이렇게 하면 Conv2D 연산은 단순한 행렬의 곱셈과 덧셈으로 나타낼 수 있다. Conv2D의 출력을 fi라고 하면 이 fi는 BatchNorm의 입력이다. BatchNorm 역시 행렬로 변형하면 행렬의 곱셈과 덧셈으로 치환할 수 있다. BatchNorm은 fi 텐서를 입력 텐서로 사용해서 oi를 계산한다. 이 식을 하나로 합쳐서 전개하면 Wbn과 Wconv를 곱한 행렬을 하나의 행렬 ^{Wfused}로 표현할 수 있고 나머지 Wbn*Bconv + Bbn 역시 Bfused라는 하나의 행렬로 표현할 수 있다. 결국 Conv2D와 BatchNorm 두 개의 레이어를 연산하는데 Wfused와 Bfused 두 개가 필요한 셈이다. 레이어 퓨전을 하지 않으면 더욱 많은 수의 파라미터가 필요하게 된다.

정적 양자화를 이해하기 위해 캘리브레이션과 레이어 퓨전에 대해서 알아봤다. 이제 코드를 통해서 정적 양자화에 대해서 공부해보자.

```
# define model
model = SampleNet(quantize_statically=True)

# layer fusion
fused_model = torch.quantization.fuse_modules(model, [['fc', 'relu']],
inplace=False)
fused_model.qconfig = torch.quantization.get_default_qconfig('fbgemm')

# insert histogram observer
fused_model_with_observer = torch.quantization.prepare(fused_model)

# calibration
for _ in range(100):
    inputs = torch.rand(b, w, h, c)
    fused_model_with_observer(inputs)

# convert
model_int8_static = torch.quantization.convert(fused_model_with_observer)
```

코드 8을 보자. 모델을 정의한 후 정적 양자화의 첫 번째 단계는 레이어 퓨전이다. fc 레이어와 relu 레이어를 하나로 합치고 있다. qconfig 설정 값은 코드를 실행하는 시스템의 아키텍처에 따라서 fbgemm과 qnnpack으로 나뉜다. fbgemm은 인텔 기반의 아키텍쳐를 사용할 경우이고 qnnpack은 ARM 기반의 아키텍처를 사용할 경우 설정해주면 된다. 그 다음에 히스토그램 옵저버를 추가하는 부분이다. 여기에서는 옵저버를 추가하기만 했기 때문에 아직 최소값과 최대값이 구해지지 않았으므로 s와 z 역시 구해지지 않았다. 최소값과 최대값은 캘리브레이션을 진행한 후에 세팅된다. 캘리브레이션을 한 후에 마지막으로 convert 함수를 통해서 int8 모델을 만든다. 최종적으로 만들어진 int8 모델을 보면 s와 z값이 계산돼 있고 히스토그램 옵저버가 사라진 것을 볼 수 있다.

블록 4: 정적 양자화의 각 과정의 모델 출력 값

```
# define model
SampleNet(
 (conv): Conv2d(112, 112, kernel_size=(1, 1), stride=(1, 1), bias=False)
 (fc): Linear(in_features=3, out_features=2, bias=False)
 (relu): ReLU()
 (quant): QuantStub()
 (dequant): DeQuantStub()
)


# layer fusion
SampleNet(
 (conv): Conv2d(112, 112, kernel_size=(1, 1), stride=(1, 1), bias=False)
 (fc): LinearReLU(
  (0): Linear(in_features=3, out_features=2, bias=False)
  (1): ReLU()
 )
 (relu): Identity()
 (quant): QuantStub()
 (dequant): DeQuantStub()
)


# insert histogram observer
SampleNet(
 (conv): Conv2d(
  112, 112, kernel_size=(1, 1), stride=(1, 1), bias=False
  (activation_post_process): HistogramObserver()
 )
 (fc): LinearReLU(
  (0): Linear(in_features=3, out_features=2, bias=False)
```

```
  (1): ReLU()
  (activation_post_process): HistogramObserver()
)
(relu): Identity()
(quant): QuantStub(
  (activation_post_process): HistogramObserver()
)
(dequant): DeQuantStub()
)
fused_model_with_observer.fc.activation_post_process.min_val # inf
fused_model_with_observer.fc.activation_post_process.max_val # -inf

# calibration
fused_model_with_observer.fc.activation_post_process.min_val # 0
fused_model_with_observer.fc.activation_post_process.max_val # 1.1778

# convert
SampleNet(
        (conv): QuantizedConv2d(112, 112, kernel_size=(1, 1), stride=(1, 1),
scale=0.020792240276932716, zero_point=68, bias=False)
    (fc): QuantizedLinearReLU(in_features=3, out_features=2, scale=0.008626477792859077,
zero_point=0, qscheme=torch.per_channel_affine)
    (relu): Identity()
    (quant): Quantize(scale=tensor([0.0081]), zero_point=tensor([0]), dtype=torch.quint8)
    (dequant): DeQuantize()
)
```

블록 4에서 각 단계 별로 변형된 모델을 출력해봤다. 히스토그램 옵저버가 추가되는
과정과 캘리브레이션 전과 후에 min_val과 max_val의 값이 바뀐다는 것을 잘 이해
해야 한다.

마지막으로 각 단계에 대해서 출력 값을 살펴보자.

코드 9 정적 양자화 각 단계에 대한 출력 텐서 값 확인

```
o1_static = model_int8_static.quant(x)
o2_static = model_int8_static.conv(o1_static)
o3_static = model_int8_static.fc(o2_static)
o4_static = model_int8_static.relu(o3_static)
o5_static = model_int8_static.dequant(o4_static)

>>> o1_static.int_repr()
tensor([[[[ 67,  34,  52],
         [104,   1,  15],
         [ 83, 102,  17],
         ...,
         [108,  14,  21],
         [ 58,  96, 105],
         [ 26,   9,  97]],
         ...,
         [ 45,  37,  90],
         [ 65,  52, 103],
         [ 28, 107,  85]]]], dtype=torch.uint8)
```

코드 9에서 **o1_static**만 출력했지만 **o5_static**을 제외한 나머지 출력 텐서들은 모두 **int_repr()** 함수를 통해서 int8 형태로 표현된다.

지금까지 동적 양자화와 정적 양자화에 대해서 자세하게 알아봤다. 다음 절에서는 BERT를 동적 양자화하는 예제에 대해서 공부해보려고 한다.

1.4. BERT 양자화하기

이전 절까지 양자화의 원리를 코드를 통해서 설명했다. 이번 절에서는 BERT를 양자화해보려고 한다. 3장과 4장에서 공부한 BERT의 구조를 생각해보면 BERT를 구성하는 핵심은 어텐션 연산을 수행하는 레이어이다. 이 레이어는 행렬의 곱을 수행하는 레이어이기 때문에 이전 절에서 배운 양자화를 통해서 모델을 양자화할 수 있다. 이

번 절에서는 4.2.10절에서 구현했던 BERT 문장 분류 모델을 양자화해보려고 한다.

파이토치에서 모델 양자화는 API를 통해서 간단하게 할 수 있다. 파이토치에서는 모델을 양자화하기 위한 API를 제공하고 있다. 코드 10을 보자. 전체 코드는 이 책의 리포지토리에서 appendix/cola_classifier_quantization.ipynb를 참고하라.

코드 10 파이토치 모델 양자화하기

```
# 학습한 모델 로딩
model.load_state_dict(torch.load('cola_model.bin', map_location='cpu'))
model.eval()
quantized_model = torch.quantization.quantize_dynamic(
    model, {torch.nn.Linear}, dtype=torch.qint8
)
```

코드10에서는 파이토치에서 제공하는 동적 양자화 quantize_dynamic 함수를 이용해서 BERT 모델을 양자화하고 있다. 입력으로 주어진 모델에서 `Linear` 레이어를 int8로 양자화하는 것이다. `quantize_dynamic` 함수로 양자화하면 float32 모델은 블록 5와 같이 바뀐다.

블록 5: float32와 int8 모델의 어텐션 레이어 차이
```
# float32 모델
(attention): BertAttention(
    (self): BertSelfAttention(
        (query): Linear(in_features=768, out_features=768, bias=True)
        (key): Linear(in_features=768, out_features=768, bias=True)
        (value): Linear(in_features=768, out_features=768, bias=True)
        (dropout): Dropout(p=0.1, inplace=False)
    )
    (output): BertSelfOutput(
        (dense): Linear(in_features=768, out_features=768, bias=True)
        (LayerNorm): LayerNorm((768,), eps=1e-12, elementwise_affine=True)
```

```
        (dropout): Dropout(p=0.1, inplace=False)
    )
)

# int8 모델
(attention): BertAttention(
    (self): BertSelfAttention(
        (query): DynamicQuantizedLinear(in_features=768, out_features=768, dtype=torch.qint8,
qscheme=torch.per_tensor_affine)
        (key): DynamicQuantizedLinear(in_features=768, out_features=768, dtype=torch.qint8,
qscheme=torch.per_tensor_affine)
        (value): DynamicQuantizedLinear(in_features=768, out_features=768, dtype=torch.qint8,
qscheme=torch.per_tensor_affine)
        (dropout): Dropout(p=0.1, inplace=False)
    )
    (output): BertSelfOutput(
        (dense): DynamicQuantizedLinear(in_features=768, out_features=768, dtype=torch.qint8,
qscheme=torch.per_tensor_affine)
        (LayerNorm): LayerNorm((768,), eps=1e-12, elementwise_affine=True)
        (dropout): Dropout(p=0.1, inplace=False)
    )
)
```

블록 5는 12로 구성된 BERT 레이어 중 한 개이다. 셀프 어텐션 레이어에서 `Linear` 레이어들이 `DynamicQuantizedLinear`로 바뀐 것을 볼 수 있다. BERT의 경우 셀프 어텐션이 전체 모델의 핵심이고 파라미터의 대부분을 차지하고 있기 때문에 이 부분을 양자화하면 이론적으로는 모델 사이즈가 약 1/4로 줄어들 수 있다. 모델 파일의 사이즈를 확인해보자. 블록 6을 참고하라.

블록 6: 양자화된 모델의 파일 사이즈

```
$ ls -alh *.bin
-rw-rw-r-- 1 jkfirst jkfirst 418M  6월 23 04:37 cola_model.bin
-rw-rw-r-- 1 jkfirst jkfirst 174M  6월 28 19:19 cola_model_quantized.bin
```

블록 5에서 `BertSelfOutput` 레이어는 양자화되지 않았기 때문에 그런 부분을 포함하면 실제로는 약 1/3정도로 사이즈가 줄게 된다.

모델의 실행 속도도 측정해보자.

코드 11 float32와 int8 모델의 실행 속도 비교

```python
def measure_accuracy_and_latency(model, dataloader):
    tbar = tqdm(dataloader, desc='Inference', leave=True)

    label_list = []
    pred_list = []
    start = time.time()
    for i, d in enumerate(tbar):
        input_ids, token_type_ids, attention_mask, labels = d

        # do inference
        pred = model(input_ids=input_ids, attention_mask=attention_mask)
        pred = pred[0].argmax(dim=1)

        label_list.extend(labels.cpu().data.numpy())
        pred_list.extend(pred.cpu().data.numpy())
    end = time.time()

    labels = np.array(label_list)
    preds = np.array(pred_list)

    acc = (labels == preds).mean()
    latency = (end - start) / len(labels)

    print(f'acc={acc:.3f} latency={latency:.4f}')
```

```
>>> measure_accuracy_and_latency(model, test_dataloader)
acc=0.816 latency=0.0054
>>> measure_accuracy_and_latency(quantized_model, test_dataloader)
acc=0.814 latency=0.0025
```

코드 11을 보면 약 2배의 실행 속도 차이가 난다는 것을 알 수 있다. 실행 속도 차이가 2배가 나더라도 정확도 측면에서는 0.816과 0.814로 거의 비슷하게 유지되는 것을 확인할 수 있다.

찾아보기

안녕, 트랜스포머

BERT에서 시작하는 자연어 처리 레시피

발 행 | 2022년 7월 29일

지은이 | 이 진 기

펴낸이 | 권 성 준
편집장 | 황 영 주
편 집 | 조 유 나
　　　　김 진 아
디자인 | 윤 서 빈

에이콘출판주식회사
서울특별시 양천구 국회대로 287 (목동)
전화 02-2653-7600, 팩스 02-2653-0433
www.acornpub.co.kr / editor@acornpub.co.kr

Bye